Leutnant Kloer

Der türkisch-griechische Krieg im Jahre 1897

Leutnant Kloer

Der türkisch-griechische Krieg im Jahre 1897

ISBN/EAN: 9783743320345

Hergestellt in Europa, USA, Kanada, Australien, Japan

Cover: Foto ©ninafisch / pixelio.de

Manufactured and distributed by brebook publishing software
(www.brebook.com)

Leutnant Kloer

Der türkisch-griechische Krieg im Jahre 1897

Der

Türkisch-griechische Krieg

im Jahre 1897.

Von

Kluer,

Premierlieutenant im 2. Thüringischen Infanterie-Regiment Nr. 32.

Mit fünf Kartenbeilagen in Steindruck.

Berlin 1897.
Ernst Siegfried Mittler und Sohn
Königliche Hofbuchhandlung
Kochstraße 68—71.

Inhaltsverzeichniß.

I. Die Ereignisse bis zur Kriegserklärung.

Auf der Insel Kreta war schon im Jahre 1896 ein Aufstand der Griechen gegen die türkische Oberherrschaft ausgebrochen, ohne daß dagegen seitens der türkischen Regierung irgend etwas Bestimmtes unternommen wäre. Da jedoch Anfang 1897 sogar griechische Truppen Kreta besetzten, wodurch die mohammedanischen Türken in große Bedrängniß geriethen, so beschlossen die Großmächte Rußland, England, Frankreich, Deutschland und Italien, durch Entsendung von Kriegsschiffen in die kretensischen Gewässer die Griechen zu zwingen, ihre nach Kreta entsendeten Truppen zurückzuziehen und die Oberhoheit der Türkei über diese Insel anzuerkennen. Dem widersetzten sich aber die Griechen und namentlich auch die griechischen Einwohner von Kreta auf das Entschiedenste. Hierzu kam noch, daß die Mächte über die zu ergreifenden Zwangsmaßregeln nicht einig werden konnten. Während Deutschland von vornherein für energische Maßregeln — Blockade des Piräus — eintrat, neigte man bei einem anderen Theile der Großmächte, namentlich bei England, mehr der Ansicht zu, daß man nicht ohne Weiteres in die Verhältnisse Griechenlands eingreifen dürfe. Schließlich kam man, nachdem mehrfach Schüsse zwischen den Schiffen der Großmächte einerseits und den griechischen Truppen resp. Aufständischen andererseits gefallen waren, zu dem Entschlusse, der Insel Kreta die Autonomie unter der Oberhoheit des Sultans anzubieten.

Inzwischen hatte sich, da die Großmächte untereinander nicht einig werden konnten, an der türkisch-griechischen Grenze eine beträchtliche Anzahl griechischer Truppen unter dem Befehl des Kronprinzen Konstantin von Griechenland in Thessalien und türkischer Truppen unter dem Befehl des Marschalls Edhem Pascha in Epirus und Macedonien versammelt.

Das Gebiet, auf welchem sich der Krieg abspielen sollte, ist durch das Pindus=Gebirge in zwei voneinander vollständig ge= trennte Operationsgebiete getheilt. Westlich vom Pindus liegt das von wilden und unwirthlichen Gebirgszügen erfüllte epirotische Kriegstheater, dessen Beschaffenheit die Entwickelung großer Truppen= massen nicht gestattet, dagegen aber ein ausgezeichnetes Gebiet für den kleinen Krieg und für Unternehmungen von Parteigängern und irregulären Banden bildet. Dieser Abschnitt ist somit auch der Nebenkriegsschauplatz, während der Hauptkriegsschauplatz sich an den Ostabhängen des Pindus=Gebirges, im weiten Thalbecken von Larissa an den Ufern des Salamvria (Peneus) befindet. Die thessalische Ebene bietet Raum für die Entwickelung größerer Heere, und sie liegt auch auf der Hauptoperationslinie, die durch die kürzeste Ver= bindung der beiden Operationsziele Athen und Salonichi gebildet wird. Diesen geographischen Verhältnissen entsprechend waren auch die Streitkräfte der beiden Gegner vertheilt. Auf türkischer Seite wurden nördlich von der thessalischen Ebene auf den Höhen des Chassia=Gebirges und des Olymps unter dem Kommando des schon erwähnten Marschalls Edhem Pascha in sieben Divisionen 113 000 Gewehre, 2700 Säbel und 252 Geschütze vereinigt, während auf dem epirotischen Kriegstheater unter Ahmed Hifzi Pascha nur zwei Divisionen mit etwa 25 000 Gewehren, 500 Säbeln und 50 Geschützen konzentrirt wurden. Was die Griechen anbetrifft, so versammelten sie, ebenso wie die Türken, ihre Hauptmacht in Thessalien. Die ganze griechische Armee in Thessalien und Epirus betrug etwa 44 000 Gewehre, 1000 Säbel und 114 Geschütze. Hiervon standen etwa zwei Drittel in Thessalien und ein Drittel in Epirus. Der griechische Kronprinz verfügte daher in und um Larissa kaum über mehr als 30 000 Mann.

Was die türkischen Truppen in Thessalien anbetrifft, so war dem Marschall Edhem Pascha als Generalstabschef der Divisions= general Omer Ruschdi Pascha, welcher am 18. April durch den Divisionsgeneral Abdulah abgelöst wurde, als Souschef des Ge= neralstabes der Oberst Seifulah Bey beigegeben. Das Haupt= quartier war in Elassona. Die Divisionstabsorte waren: 1. Division in Domenik, 2. Division in Elassona, 3. Division in Diskata, 5. Division in Stomba, 6. Division in Kozky. 4. und 7. Division in Elassona beziehungsweise Serfidsche (Servia) waren noch nicht komplet organisirt. Die kompleten Divisionen 1, 2, 3, 5 und 6

beſtanden aus 2 bis 6 Linien-Bataillonen oder Schützen-Bataillonen
und 12 bis 16 Redif-Bataillonen, zuſammen 14 Linien-Bataillonen
und 69 Redif-Bataillonen. Jede Diviſion hatte 3 Batterien und
1 bis 2 Schwadronen. Der Reſt der Kavallerie, in der Stärke
von 16 Schwadronen, war zu einer Diviſion vereint und ſtand
bei Osmanli. Im Ganzen wurden an der theſſaliſchen Grenze
vereinigt: 19 Linien-Bataillone und 92 Redif-Bataillone, unterwegs
waren 4 Redif-Bataillone. Die Artillerie beſtand aus 3 reitenden,
23 fahrenden und 2 Gebirgs-Batterien, zuſammen 34 Batterien zu
je 6 Geſchützen. Feldhoſpitäler befanden ſich in Saloniki und
Claſſona, die Ambulanzſpitäler der fünf Diviſionen waren bereits
etablirt. Ferner befanden ſich bei der Operations-Armee an der
theſſaliſchen Grenze 2 Genie- und 1 Telegraphen-Kompagnie, 6 Train-
Kompagnien und ſchließlich die aus dem 1., 2., 3. und 5. Korps zu-
ſammengezogene Spitalsmannſchaft und ſonſtige Spezial-Abtheilungen.

Die Stärke und Zuſammenſetzung der türkiſchen Operations-
Armee in Epirus war folgende: Kommandant des Korps war, wie
ſchon erwähnt, der Generalgouverneur des Vilajets Janina, Diviſionsgeneral Ahmed Hifzi Paſcha, der Sitz des Korpskommandos
war Janina. Als Generalſtabschef fungirte der Oberſt Ahmed Latfi
Bey, als Artilleriechef Brigadegeneral Schukri Paſcha; außerdem
ſtand zur Diſpoſition des Korpskommandanten Brigadegeneral
Haſſan Paſcha. Das Korps beſtand aus zwei Diviſionen: 1. Diviſion
in Janina, Kommandant Brigadegeneral Osman Paſcha, nicht
zu verwechſeln mit Ghazi Osman Paſcha, dem bekannten Vertheidiger von Plewna; 1. Brigade: Kommandant Tahir Paſcha in
Kudnovraki, beſtehend aus 6 Redif- und 2 Linien-Bataillonen, wovon
3 in Janina, 3 in Kudnovraki, 2 in Siraku; 2. Brigade: Kom-
mandant Suleiman Sirri Paſcha in Janina, beſtehend aus 7 Redif-
Bataillonen und 1 Linien-Bataillon, wovon 5 in Janina und 3 in
Metzovo. 2. Diviſion in Luros, Kommandant Diviſionsgeneral
Muſtafa Hilmi Paſcha; 3. Brigade: Kommandant Mehmed
Razif Paſcha in Luros aus 5 Linien- und 3 Redif-Bataillonen,
wovon 6 in Luros und 2 in Prevesa; 4. Brigade: Kommandant
Muſtafa Paſcha in Luros, beſtehend aus 7 Redif-Bataillonen
und 1 Linien-Bataillon, wovon 7 in Luros und 1 in Pentepigiada.
Die Artillerie war in nachſtehender Weiſe dislozirt: 3 Feld-
Batterien des 14. Artillerie-Regiments in Luros, 2 Feld-Batterien
des 7. Regiments in Luros und Janina, 1 Gebirgs-Batterie des

17. Artillerie-Regiments und 1 neuformirte Gebirgs-Batterie in Janina, 1 Feld-Batterie war noch ausständig. An Kavallerie hatte das Korps nur zwei Schwadronen und drei wurden noch erwartet. Ferner waren vorhanden 280 Mann der Festungsartillerie, 2 Kompagnien Train und etwa 1300 Gendarmen. Spitäler wurden in Janina und Prevesa, ein drittes in Luros installirt.

Die griechische Operations-Armee war folgendermaßen zusammengesetzt: Die Totalstärke derselben betrug 44 Bataillone, 12 Schwadronen, 19 Batterien, mit einer Gefechtsstärke von rund 44 000 Gewehren, 1000 Säbeln und 114 Geschützen. Die Ordre de Bataille war folgende: Oberkommandant Kronprinz Konstantin, Generalstabschef Oberst Sapundzaky. Division Arta, Kommandant Oberst Manos umfaßte 6. Infanterie-Regiment, 9. Infanterie-Regiment, 12. Infanterie-Regiment, neuformirte 3 Bataillone Evzonen, 1 Bataillon Evzonen, 4. Eskadron des 2. Kavallerie-Regiments, zusammen 4 Feld- und 3 Gebirgs-Batterien. Division Trikala, Kommandant Oberst Mavromichalis, 8. Bataillon Evzonen, 9. Bataillon Evzonen, 5. Infanterie-Regiment, 4. Infanterie-Regiment, 2. Infanterie-Regiment, 11. Infanterie-Regiment, neuformirt 3. Kavallerie-Regiment, 2. Artillerie-Regiment (Athen) mit 3 fahrenden und 3 Gebirgs-Batterien.

Division Larissa, Kommandant Generalmajor Makris, 1. Infanterie-Regiment (Athen), 7. Infanterie-Regiment (Chalkis), 8. Infanterie-Regiment (Nauplia), 3. Infanterie-Regiment (Katamia), 4. Bataillon Evzonen (Tornavos), 7. Bataillon Evzonen (Mapvani), 2. Bataillon Evzonen (Tipolitza), 1 Kavallerie-Regiment (Athen), 1 Gebirgs-Batterie des 3. Artillerie-Regiments (Larissa), 3. Artillerie-Regiment (Athen), zusammen 4 fahrende und 3 Gebirgs-Batterien. Was die gesammte Mobilmachung betrifft, so war nach Aufstellung aller angeordneten Neuformationen das Heer 70 400 Köpfe stark, wozu noch 2000 bis 3000 Mann Philhellenen-Legion zukommen.

Hinsichtlich der Disziplin steht der türkische Soldat weit über dem griechischen, aber er hat keine Initiative, und diese geht auch den Offizieren, selbst den höheren ab. Der Werth der türkischen Offensivkraft wurde im vorliegenden Falle überdies noch durch Schwierigkeiten der Verpflegung und namentlich Schwierigkeiten des Terrains herabgemindert, die sich dem Heere bei einem nothwendigen Eindringen in die thessalische Ebene entgegenstellten. Die griechische

Flotte hingegen war der türkischen weit überlegen. Ungünstig für die Türken war es außerdem, daß in Macedonien bei Beginn der Feindseligkeiten ein Aufstand ausgebrochen war, durch welchen der türkischen Armee im Rücken Gefahren erwuchsen, und daß sich bei den Griechen große Schaaren von Irregulären gebildet hatten. Was die Bewaffnung des türkischen Heeres anbelangt, so war das klein=kalibrige Mauser=Gewehr (Kaliber 7,65 mm) an die Linien= und Rediftruppen des 2. Korpsbereiches (Adrianopol) vertheilt worden, und zwar 92 000 Stück. Die bei der ersten Mobilisirung Mitte Februar mobil gemachten 8 Bataillone des 2. Korps waren hin=gegen noch mit dem Henry Martini=Gewehr bewaffnet, ebenso wurde die zur Einübung mit dem Mauser=Gewehr einberufen gewesene 7. Redif=Division Afine-Karahissa (Kleinasien), welche an die grie=chische Grenze beordert wurde, wieder mit dem Henry Martini=Gewehr ausgerüstet. Außerdem war mit der englischen Firma Armstrong ein Vertrag auf Lieferung 20 verschiedener Geschütze (Schnellfeuergeschütze Kaliber 12 und 7,6 cm, ferner Hotschitz=Ge=schütze) für die Marine abgeschlossen; dieser Vertrag wurde wegen der schlechten Beziehungen, welche mittlerweile zwischen der Türkei und England eingetreten waren, durch Kaiserlichen Irade plötzlich annullirt, und die Türkei trat nunmehr mit Krupp und Cannet wegen Lieferung ähnlicher Geschütze in Unterhandlung. Die griechische Armee war fast durchgängig mit dem Gras=Gewehr bewaffnet.

Was den inneren Halt des griechischen Heeres anbetrifft, so war derselbe ein sehr geringer. Eine zweijährige aktive Dienstzeit ist allerdings im Allgemeinen für jeden Hellenen mit gesunden Gliedmaßen gesetzlich vorgesehen. Die Wirklichkeit reduzirt aber diese auf dem Papier stehende Dienstzeit für die Hälfte des Rekruten=kontingents auf ein Jahr. Dabei gab ein Athener Militärblatt im Jahre 1883 an, der hellenische Soldat sei von je drei Tagen einen im Dienst; eine Berechnung, die allerdings die zahlreichen Feiertage der griechisch=katholischen Kirche mit in Rechnung zieht. Für den größten Theil der Eingezogenen (auf dem Papier 10 000 bis 12 000, in Wirklichkeit 7000 bis 8000 Mann) ergiebt dies 120 Dienst=tage. Kavallerie und Spezialwaffen können mit einer 1½= bis 2 jährigen Dienstzeit, also mit 180 bis 240 Diensttagen, rechnen. Die Ausbildung beschränkt sich auf drillmäßiges Griffemachen und formelles Exerziren, Felddienst wird oberflächlich geübt, der Schieß=dienst liegt gänzlich brach. Manöver hatten seit Anfang der 90er

Jahre im Lager in Theben, aber nur im Brigadeverbande, alle zwei Jahre stattgefunden. Reserve= und Landwehrübungen standen nur auf dem Papier. Solange die Dinge gut gingen, mochten Eifer und nationale Begeisterung über den Mangel an inneren Ge= halt hinwegtäuschen. Kamen aber Strapazen, Hunger und Nieder= lagen, dann konnte nur Disziplin helfen, die bei einer derartig kurzen Dienstzeit unmöglich war. Das Hauptinteresse des Offizierkorps, welches zu einem Zehntel der Kammer angehörte, konzentrirte sich weit mehr auf den Wahlkampf und Ministerkrisen als auf Schulung der Truppen und eigene Weiterbildung. Zudem war das Offizier= korps überaltert und schlecht bezahlt. Die wenig straffe Organisation der hellenischen Armee konnte durch die in= und ausländischen Frei= willigen, welche sich meldeten, nur noch lockerer werden. Eine starke Hand, welche die so gefügte Armee zusammengehalten hätte, fehlte in Hellas.

So lagen die Verhältnisse, als am 9. April 1897 ein Einfall angeblich irregulärer griechischer Truppen in Macedonien, zwei Stunden von Krania erfolgte. Dieser Einfall wurde auf drei Punkten der 60 km langen Grenze zwischen Diskata und Metzovo über die schwer passirbaren und daher von türkischer Seite weniger beachteten Pässe des Pindos=, Spilos= und Chassia=Gebirges aus= geführt. Die Griechen wurden überall zurückgeschlagen. Die Türken hatten bei Krania nur geringe Verluste, die Griechen hingegen große, ein griechischer Offizier und 17 Mann wurden gefangen ge= nommen. Hierdurch war der Kriegszustand eigentlich durch die Thatsachen geschaffen, wenn demselben auch keine regelrechte Kriegs= erklärung vorhergegangen war. Infolge des Einfalles sandte Edhem Pascha nach Konstantinopel eine telegraphische Meldung, worauf die Pforte noch am 9. April ein Cirkular an die Botschafter richtete, in welchem Griechenland als Angreifer bezeichnet und dafür ver= antwortlich gemacht wurde, den Zustand der Feindseligkeiten herbei= geführt zu haben, ein Privattelegramm aus Konstantinopel vom 10. April meldete sogar, Edhem Pascha habe den Befehl erhalten, den Vormarsch nach Larissa anzutreten. Die griechische Regierung ihrerseits suchte natürlich jede Verantwortlichkeit für den Ausbruch der Feindseligkeiten an der Grenze von sich abzuschütteln. Sie ließ rundweg erklären, sie habe von dem Zuge der von der Ethnike Hetairia ausgerüsteten und bewaffneten Insurgenten nichts gewußt, trotzdem dieselben Insurgenten bei ihrem Abzuge vor der Grenz=

überschreitung von der Bevölkerung der griechischen Grenzorte mit begeisterten Kundgebungen verabschiedet wurden. Griechenland sagte weiter, es mache für die Feindseligkeiten die türkischen Posten verantwortlich, die zuerst auf die griechischen geschossen und dadurch letztere gezwungen hätten, das Feuer zu erwidern.

Nach diesem Einfalle herrschte an der griechischen Grenze einige Tage Ruhe. Die einlaufenden telegraphischen Meldungen ließen es als sicher erscheinen, daß an den Angriffen am 9. April gegen die türkische Grenze außer 2000 griechischen Freiwilligen und der italienischen Legion unter Cipriani das 8. und 9. in Kalabaka stationirte Euzonen-Bataillon und das 2. Bataillon des 7. in Aspriklissa stationirten Regiments theilgenommen und ansehnliche Verluste erlitten hatten. Hieraus ging hervor, daß die griechischen Angreifer nicht nur aus irregulären, sondern auch aus regulären Truppen bestanden. Daß die Griechen den Einfall mit Wissen und Wollen der griechischen Regierung gemacht hatten, ist zweifellos, da der Athener Korrespondent der „Times", welcher in direktem Verkehr mit dem griechischen Ministerpräsidenten Delyannis stand, meldete: Griechenland werde infolge der Drohungen der vor Kreta versammelten Mächte nicht zur Kriegserklärung schreiten, es sei vielmehr bemüht, die Türken herauszufordern, ihrerseits zum angreifenden Theile zu werden. Die griechische Regierung nahm also zu einem Kunstgriffe ihre Zuflucht, um auf irgend eine Weise aus der Klemme zu kommen, in welcher sie sich den Großmächten gegenüber befand, und in welche sie durch ihre schlechte pekuniäre Lage gekommen war.

Infolge dieser schlechten pekuniären Lage brachte am 14. April der griechische Ministerpräsident Delyannis in der Deputirtenkammer einen Gesetzentwurf betreffend die Aufnahme einer Anleihe von 23 Millionen Drachmen für die Ausgaben des Kriegs- und Marineministeriums vor.

Inzwischen hatten am 12. April in der Nähe von Grevena wieder 1000 Griechen die Grenze überschritten und die Türken angegriffen; nach heftigem Kampfe wurden die Griechen mit einem Verluste von 50 Mann zurückgeschlagen. Ein weiterer Haufe von 2500 Freiwilligen war von Balanos nach Janina aufgebrochen; trotz aller dieser Ereignisse zögerte die türkische Regierung immer noch mit der Kriegserklärung, da sie noch abwarten wollte, bis ein neuer, unzweifelhafter Angriff seitens regulärer griechischer Truppen erfolgte. Die abwartende Haltung der Türkei ließ sich nur durch eine starke Pression seitens Rußlands erklären, das offenbar einen türkisch-griechischen Krieg und die etwa daraus sich ergebende allgemeine Verwirrung auf der Balkan-Halbinsel vermeiden wollte, weil es selbst den Augenblick für noch nicht gekommen erachtete. Bemerkenswerth war in dieser Hinsicht auch die Haltung der russischen Organe, u. A. der „Nowoje Wremja" und der „Nowosti", die der Hoffnung Ausdruck gaben, daß sich die Türkei nicht von Griechenland dazu verleiten lasse, die Offensive zu ergreifen, und die der Türkei riethen, die Richtung ihrer abwartenden Politik nicht zu ändern, da sie in den offiziellen russischen Kreisen aufrichtig gut geheißen werde. Daß sich aber die Türken doch schon mit der Kriegserklärung beschäftigten, geht aus dem Umstande hervor, daß am 14. April das erste türkische Geschwader in den Dardanellen zum Auslaufen bereit stand.

An demselben Tage reiste die griechische Kronprinzessin Sophie mit englischen Krankenpflegerinnen nach Larissa ab, woselbst sie am 15. April ankam.

So vergrößerte sich die Spannung zwischen den beiden Mächten von Tag zu Tag, und Jedermann erwartete mit Ungeduld den Moment der Kriegserklärung. Am 17. April theilte der Minister des Aeußern in Konstantinopel den Botschaftern mit, daß reguläre griechische Truppen am 16. April abends die türkischen Positionen bei Beiraktar, Kodmo, Perdika, Solosmene und Uelecko angegriffen hätten, jedoch nach dreistündigem Kampfe zurückgeschlagen worden seien. Nur die türkischen Bergkuppen Potika und Analipsi seien in griechischen Händen gelassen worden, da die Türken beweisen wollten, daß der Angriff seitens regulärer griechischer Truppen erfolgte. Der Minister des Aeußern meinte ferner, daß von türkischer Seite der Vormarsch erfolgen werde, und daß man hoffe, in wenigen Tagen Larissa zu besetzen.

Am 15. April war es an der Grenze bei Nezero zu einem Zusammenstoß zwischen Griechen und Türken gekommen. Veranlassung hierzu gab ein Versuch von türkischer Seite, einen verlassenen Grenzposten zu besetzen. Die Griechen widersetzten sich dem, und die Türken eröffneten infolgedessen ein heftiges Feuer. Nach vierstündigem Kampfe mußten sich die Türken zurückziehen. Am 17. April früh 5 Uhr begann von Neuem ein lebhaftes Feuergefecht, bei welchem Artillerie eingriff. Die Griechen nahmen drei Grenzstationen und zerstörten die Station Kotroni mit Dynamit, die Türken wurden zurückgeworfen.

2. Die Kriegserklärung und die nächsten Ereignisse.

Nun konnte die Türkei nicht länger zögern, und so beschloß der am 17. April im Yildiz-Kiosk abgehaltene außerordentliche Minister=rath, an Griechenland den Krieg zu erklären, wovon der griechische Gesandte in Konstantinopel, Fürst Maurocordato, am 17. April spät abends verständigt wurde. Am 18. April früh wurden an der griechischen Gesandtschaft in Konstantinopel die staatlichen Hoheits=zeichen entfernt. Die griechischen Kaufleute in Konstantinopel mußten sich dazu vorbereiten, das türkische Gebiet zu verlassen, wozu ihnen eine Frist von 14 Tagen gesetzt wurde, der türkische Gesandte in Athen wurde abberufen und der türkischen Bevölkerung die Ent=schließung der Pforte durch eine amtliche Bekanntmachung mitgetheilt. Der türkische Sultan zögerte noch bis zum letzten Augenblick, der türkischen Armee den Befehl zum Vormarsch zu geben, und wurde schließlich nur dazu bewogen, nachdem eine Abordnung höherer Generale in einem an den Sultan gerichteten Schreiben darauf hingewiesen hatte, daß die Haltung der türkischen Armee gegenüber den griechischen Herausforderungen eine durchaus unwürdige, überdies die Position des Oberstkommandirenden Edhem Pascha in der Defensive nicht länger haltbar sei. In einem eingehenden Rund=schreiben, welches an die ottomanischen Vertreter im Auslande ge=richtet wurde, gab die Türkei an, daß sie keinerlei Eroberungspläne verfolge und bereit sei, um einen neuen Beweis ihrer friedlichen Gesinnung zu geben, ihre Truppen zurückzuziehen, wenn Griechenland die seinigen an der Grenze und aus Kreta zurückzöge. In Athen notifizirte ebenfalls am 18. April der türkische Gesandte Assim Bey dem Minister des Auswärtigen Skuzes den Abbruch der diplomatischen Beziehungen, den türkischen Unterthanen in Athen wurde ebenfalls eine Frist von 14 Tagen bis zum Verlassen Griechen=lands gewährt. An demselben Tage reiste der türkische Gesandte aus Athen ab und wurde der griechische Gesandte in Konstantinopel zurückberufen, welcher dann am 20. April nach Athen abfuhr.

So war denn die wirkliche Kriegserklärung erfolgt, nachdem dieselbe eigentlich schon mit dem Momente eingetreten war, wo das griechische Geschwader unter dem Obersten Vassos ohne jeglichen Grund auf Platania in Kreta landete. Man mag darüber denken, wie man will, jedenfalls wird die Sympathie des größten Theiles der Deutschen auf Seite der Türken stehen, welche durch allerlei

Schliche und Machinationen der Griechen zur Kriegserklärung ge=
zwungen wurden.

Wie leichtsinnig sich übrigens Griechenland in den Krieg stürzte,
ging daraus hervor, daß Vorbereitungen für einen ernsten Feldzug
einfach nicht getroffen waren. Solche Vorbereitungen bestehen in
Anhäufung von Kriegsmaterial, von Kanonen, Pulver, Granaten,
Gewehren und Patronen, Uniformen und Proviant. Griechenland
hatte es nicht für nöthig gehalten, dergleichen Anstalten zu treffen.
Ehe der Krieg wirklich begann, war thatsächlich gar nichts geschehen
für den Fall, daß der Feind in Thessalien einfallen sollte. Vor
Larissa wurden einige Laufgräben gezogen. Jedoch war kein Spatenstich
gethan, um die Ausgänge der Pässe zu vertheidigen, durch welche
der Marsch der türkischen Truppen in die thessalische Ebene gehen
mußte. Die Vorbereitungen galten nur einem Einfall in Macedonien.
Jeder Soldat hatte seine eigene Strategie zu einem fröhlichen
Marsche nach Saloniki ausgesonnen. Aber selbst die Vorbereitungen
zu einem Einmarsch in Macedonien waren völlig unzureichend. Ein
militärischer Fachmann erzählte, daß in einem Arsenal, welches
unter einem Artillerieobersten stand, nur fünfzig Kisten Granaten
lagen. Das Hauptmunitions=Departement der Armee in Thessalien
hatte nur 1200 Granaten und einige Hundert Kisten Patronen.
Trotzdem es in der Nähe von Athen eine sehr gute Pulverfabrik
gab, mußten die Patronen importirt werden. Man sagte, daß eine
Menge Patronen in Oesterreich bestellt worden sei. Niemand
wußte aber, was aus der Bestellung geworden war. Vielleicht hatte
die österreichische Regierung die Absendung verhindert. Geschosse
für die Artillerie gingen bald zur Neige. Eine schottische Gießerei
im Piräus erhielt daher den Auftrag, in aller Eile neue anzu=
fertigen.

Inzwischen war es schon zu sehr ernsten Zusammenstößen der
feindlichen Heere an verschiedenen Punkten der thessalisch=macedonischen
und auch zum Ausbruch der Feindseligkeiten an der epirotischen
Grenze gekommen. Die zuerst eingelaufenen Nachrichten lauteten
natürlich, je nachdem sie aus dem türkischen oder griechischen Lager
kamen, völlig verschieden. Nichtsdestoweniger konnte man von vorn=
herein den Eindruck haben, daß die Griechen, wenigstens an der
thessalischen Grenze, zurückgeschlagen waren und sich bereits stark im
Nachtheile befanden.

Ein besonders heißer Kampf, an dem über 20 000 Mann

theilnahmen, entbrannte am 17. April an der thessalisch-macedonischen Grenze, derselbe endete mit der Einnahme des Meluna-Passes, der den Hauptübergangspunkt der Strecke von Elassona nach Larissa bildete.

Der Angriff der Griechen erfolgte über die südöstlichen Ausläufer des Olymps und bezweckte die Unterbrechung der Etappenstraßen Setfitsche—Elassona und Katerina—Elassona. Der Hauptangriff, welcher bei den etwa 16 km nördlich von Elassona gelegenen Orten Bairakti und Silos stattfand, wurde abgeschlagen, desgleichen ein Nebenangriff, der über den Gebirgsstock Elias gegen Litochori gerichtet war. Die Griechen zogen sich dann zurück auf die Grenz- berge Analapsi und Pnakia, welche, wie schon erwähnt, in ihrem Besitze gelassen wurden. Gleichzeitig wurde von Osmanli aus eine Kavallerie-Division der Türken nach Elassona und ein Regiment an die Grenze abgeschickt. Am 18. April dauerte der verzweifelte Kampf fort, die Türken drangen bis auf geringe Entfernung gegen die Grenze vor; es wurde eine ungeheure Menge an Munition verbraucht. Der Kampf wurde bis zum Abend fortgesetzt, wo er abgebrochen wurde, um den Soldaten Ruhe zu geben, da dieselben 30 Stunden ohne Nahrung und Schlaf fechtend zugebracht hatten. Der Kampf endigte mit der Erstürmung aller griechischen Positionen und Häuser am Meluna bis in die Nähe von Turnavos. Der Widerstand war ein zäher gewesen, der Verlust der Griechen groß, jener der Türken geringer. Bei den Türken fiel der Kom- mandant der 2. Brigade der 2. Division, Abdul Ezel Pascha.

Was die Kämpfe an der epirotischen Grenze anbelangt, so waren dieselben auf der ganzen Linie entbrannt, nachdem die Türken zuerst bei Prevesa auf den aus dem Busen am Ambrakia aus- laufenden Dampfer „Macedonien" der panhellenischen Gesellschaft geschossen und das Schiff in den Grund gebohrt hatten. Die Mannschaft des Schiffes wurde gerettet, der Kapitän schwer ver- wundet. Die Regierung ertheilte hierauf der griechischen Flottille im Golfe von Ambrakia den Befehl, Prevesa zu bombardiren, was auch von 11½ Uhr vormittags an geschah. Ueber die Einzel- heiten der Ereignisse im Golfe von Ambrakia traf am 18. April eine authentische Depesche ein, in welcher die „Agence Havas" meldete, die Türken hätten seit 5½ Uhr früh ein heftiges Feuer gegen Aktium unterhalten, wo sich eine Telegraphenstation befand und 500 Mann in Garnison standen. Die Station wurde zerstört und mehrere Leute getödtet oder verwundet. Kapitän Kriesis, der Befehlshaber des griechischen Geschwaders im Golfe von Ambrakia, habe um Anweisungen ersucht, das Feuer habe indessen zeitweise ausgesetzt. Der Marineminister habe sodann befohlen, unverzüglich das Bombardement zu eröffnen und dasselbe zehn Stunden lang zu unterhalten. Kapitän Kriesis meldete sodann, das Feuer gegen die Forts von Perseva vor dem Busen von Ambrakia sei gegen 11 Uhr vormittags eröffnet worden, einerseits, um die türkischen Feindseligkeiten zu erwidern, andererseits, um ein Gemetzel in Prevesa zu verhindern. Gleichzeitig wurde der Panzer „Spezai" von den Griechen abgeschickt, um sich an dem Bombardement an der äußeren Seite des Golfes von Ambrakia zu betheiligen, derselbe traf um 5 Uhr ein. Durch die Beschießung wurde das Fort Skafidaki von den griechischen Schiffen zerstört. Die griechische Flotte landete 4 Uhr nachmittags Truppen, um das Fort Skafidaki zu besetzen. Nach der Zerstörung dieses Forts wandte sich ein Theil der griechischen Flotte nach Prevesa.

Infolge dieser Nachrichten von der macedonischen Grenze und von Ambrakia entstand in Athen natürlich eine große Erregung, es bildeten sich in den Hauptstraßen Gruppen, welche die letzten Nachrichten besprachen. Auch verbreitete sich das Gerücht, daß Edhem Pascha mit 12 000 Mann nach Turnavos marschire, wo die Wege nach Larissa ihren Ausgangspunkt haben.

Werfen wir noch einen kurzen Blick auf das türkische Heer, so war die Organisation der Operations=Armee am 17. April bereits vollendet, drei Divisionen waren zur Sicherung der Grenze und zur Verwendung in dem Guerillakrieg bestimmt, während die übrigen sechs Divisionen gegen die drei griechischen operiren sollten. Es wurde gemeldet, Edhem Pascha werde noch am 18. April den Vormarsch nach Larissa antreten. Diese Meldung bestätigte sich auch, denn schon am 19. April waren die Türken bis in die Nähe von Turnavos angerückt, am Nachmittage des 20. April eröffnete die türkische Artillerie das Feuer gegen diesen Ort, und am 21. verlautete in Konstantinopel bereits, Turnavos sei von den Türken genommen worden. Nach weiteren türkischen Angaben wurden die Griechen noch an mehreren anderen Punkten der Grenzlinie zurückgeschlagen, und die Türken eroberten neun griechische Grenz= positionen. An der epirotischen Grenze setzten am Morgen des 20. April die Griechen die Beschießung Prevesas fort, die Türken beschossen seit dem 19. April nachmittags Arta. Ein Versuch der Griechen, den Arta-Fluß bei Bani auf Pontons zu überschreiten, mißglückte, sie wurden von den Türken wieder zurückgeworfen. So erfochten die Türken zuerst einen Erfolg nach dem anderen, denn auch die 5. Division unter dem Kommando Reschat Paschas nahm den griechischen Ort Kurtsiovali und die Höhe von Tyrpautepessi, durch welche der Paß und die Höhe von Papalivado beherrscht werden. Auf letzterer wurden Geschütze aufgestellt. Elf Griechen wurden zu Gefangenen gemacht und viel Kriegsmaterial erbeutet. Auf den eroberten Höhen am Meluna wurden drei Batterien und auf der von der Brigade Dschelad Pascha eroberten Höhe von Permar zwei Batterien errichtet, welche den griechischen Truppen viel Schaden beifügten. Ferner meldeten Depeschen aus Elassona am 20. April die Einnahme der griechischen Orte Karabere und Karbschaly und der Positionen Semeret, Tepe und Kajaklar, die Flucht der Griechen unter Zurücklassung von Kriegsmaterial und die Fortdauer der Kämpfe auf der griechischen Vertheidigungslinie des Flusses Xeraghis, sowie die Vorbereitung der Türken zum Vormarsch gegen Larissa. Auf diese Berichte des türkischen Oberkommandos sandte der Sultan am 20. April Dank und Gruß au Edhem Pascha und die Operations-Armee, ferner gab er an demselben Tage Befehl zu dem Auslaufen des ersten Geschwaders aus den Dardanellen nach Lemnos, auch erhielt die 6. Redif-Division des 2. Korps in Panderma den Befehl, zur Operations-Armee abzugehen.

Trotz der Verluste, welche die Griechen erlitten hatten, hoben die Berichte des türkischen Oberkommandirenden doch die Verwegenheit und Energie der Griechen sowie die Zähigkeit der griechischen Vertheidigung der Positionen von Meluna, Papa Livado und Turnavos hervor. Einige schwache türkische Posten, ferner kleine Streifkommandos und Patrouillen erhielten Schlappen. An anderen Punkten dagegen war der griechische Widerstand ein sehr geringer und artete in einen panikartigen Rückzug aus.

Im Yildiz-Kiosk gab man der sicheren Erwartung Ausdruck, daß die griechische Land-Armee bald besiegt sein werde, dagegen hegte man ernstliche Befürchtungen vor griechischen Unternehmungen zur See gegen die ausgedehnte türkische Küste und die vielen schutzlosen Hafenstädte, da das bisher in den Dardanellen gewesene Geschwader zu einer Aktion unfähig war. Jedoch unternahmen die Griechen zur See vorläufig noch nichts, wenn auch am 19. April um Mitternacht ein Geschwader mit geheimer Bestimmungsorbre von Athen auslief und mehrere Schiffe der Handelsflotte eiligst armirt wurden und Landungstruppen an Bord nahmen.

Zu Lande ging die Sache bei den Türken weiter gut, und am 20. April 9 Uhr morgens konnte Edhem Pascha an den Groß= vezier telegraphisch melden, es seien alle Turnavos dominirenden Höhen genommen, der Kampf dauere fort, ein Evzone sei gefangen genommen, 2 Gewehre und 30 Kisten Munition seien erbeutet. Gleichzeitig traf von dem Korpskommandanten in Janina die Nach= richt ein, daß 13 griechische Kriegsschiffe 4½ Stunden lang Prevesa bombardirt hätten, jedoch durch das Feuer der 15 cm Kanonen der Werke Hamidie und Jenikale zum Rückzug gezwungen seien. Auch hätten drei Schüsse griechische Panzerschiffe getroffen, während auf türkischer Seite kein Verlust zu verzeichnen gewesen wäre. Ebenso hatte eine griechische Truppenabtheilung Unglück, die in der Bucht von Lestar ausgeschifft worden war, um die Eisenbahnlinie Saloniki—Dedeagatsch zu zerstören. Der Versuch mißglückte, und die Griechen hatten dabei einen Verlust von 50 Todten. Infolge der Niederlagen, welche die Griechen erlitten, richtete am 20. April der griechische Minister des Innern an die Bürgermeister ein Rundschreiben, in welchem er dieselben aufforderte, sämmtliche taug= lichen Bürger zu bewaffnen und sie an die Grenze zu schicken, damit sie mit dem Heere für die Ehre des Vaterlandes kämpften. An demselben Tage richtete Griechenland an die Mächte das Ersuchen, ihre Streitkräfte aus Kreta zurückzuziehen, damit die Aktion der griechischen Truppen auf türkischem Boden nicht gehindert werde.

So lagen die Verhältnisse am 21. April 1897, und es war zuerst nicht leicht, aus den sich durchkreuzenden türkischen und griechischen Nachrichten einen klaren Ueberblick über die ersten Kämpfe an der thessalisch=macedonischen Grenze zu gewinnen. Erst nach ausführlichen Mittheilungen, namentlich englischer Berichterstatter, konnte man den Gang der Ereignisse seit dem Ausbruch des Krieges genauer verfolgen. Die Kämpfe, die in den letzten Tagen geführt worden waren, bildeten gleichsam die Einleitung zu der Entscheidungs= schlacht. Es handelte sich für die Türken darum, deren Hauptmacht bei Elassona konzentrirt war, über die in die Ebene von Larissa führenden Gebirgspässe zu gelangen, welche von den Griechen ver= sperrt wurden. Besonders kamen hier der Paß von Analipsis oder

Nezeros, der Reveni=Paß und der Paß von Meluna in Betracht. Letzterer ist der wichtigste, da er die kürzeste Verbindung zwischen Elassona und Larissa herstellt. Der Kampf begann am 15. April an dem am östlichsten gelegenen Paß von Analipsis oder Nezeros, nachdem die Griechen die türkischen Posten auf dem Analipsis=Berge angegriffen hatten, und breitete sich an den beiden folgenden Tagen immer aus, so daß sich am Sonnabend, den 17. April, die Feuer= linie von Analipsis bis Klephtika und Gentekia erstreckte. Im Laufe der Nacht wurde auch schon um Kurtsiovali gekämpft, und griffen die Griechen auch im Meluna=Passe an. Hier tobte ein besonders heftiger Kampf. Die Griechen drangen in den Paß ein, stiegen thalabwärts hinab und stießen auf vier türkische Bataillone, welche sie mit gefällten Bajonetten zurücktrieben und die türkische Garnison in dem von Griechen umzingelten Blockhause entsetzten. Vor Tagesanbruch ritt der türkische Oberstkommandirende Edhem Pascha vom Hauptquartier ab, um die Operationen zu leiten. Es folgte ein allgemeiner Kampf. Die Schlacht entwickelte sich entlang des ganzen Passes. Mehr als 20 000 Mann waren engagirt, der Kampf drehte sich um ein von den Griechen zähe vertheidigtes Blockhaus. Die Türken griffen mehrmals heftig ohne Erfolg an. Endlich um 9 Uhr früh nahmen die Türken mit einem glänzenden Bajonettangriff das Blockhaus. Die Griechen vertheidigten noch die Positionen auf der Bergspitze, wurden schließlich aber auch da vertrieben. Der Meluna-Paß war jetzt völlig im Besitze der Türken, und damit war ihnen der Weg in die Ebene über Turnavos nach Larissa gebahnt.

Was den Ausgang des Kampfes um den Meluna-Paß anbetrifft, so passirten bei demselben folgende interessante Einzelheiten. Das Gros der griechischen Streitkräfte war bereits auf der thessalischen Ebene in vollem Rückzuge begriffen. Am Sonntag, den 18. April, abends hatte einer der populärsten Generale, Sunes Efendi, nach 36 stündigem Gefecht nach einem Bajonettangriff einen Hügel besetzt unter dem Rufe: Wer Allah lieb hat, der folge mir! Er befestigte sich dort während der Nacht. Inzwischen waren sieben Bataillone und Batterien zur Verstärkung von Elassona angerückt. Bei Tagesanbruch begann man die griechischen Truppen zu be= schießen, welche sich nach Turnavos zurückzogen, und drei Batterien nahmen Aufstellung vor dem letzten Blockhaus, welches noch von einem griechischen Bataillon besetzt war. Die Griechen leisteten sechs

Stunden lang muthigen Widerstand, dann gab der Divisionsgeneral
Hairi Pascha Befehl zum Sturm. Die Türken überschritten mit
einem gewaltigen Ansturm die Vertheidigungs-Erdwerke. Beim Block=
haus selbst, welches mit einem Bajonettangriff genommen wurde,
trafen sie auf keinen bedeutenden Widerstand mehr, da die Ver=
theidiger tobmüde waren. Viele ergaben sich. Beim Anblick der
Ebene und von Turnavos fingen die Türken an zu singen unter
dem Gewehrfeuer der letzten Griechen, die sich noch muthig auf einer
Erhöhung gehalten hatten. Um 5½ Uhr war der Sieg der Türken
ein vollständiger; sie hatten alle den Weg nach Larissa beherrschenden
Höhen inne und stellten ihre Kanonen auf, Turnavos zu beschießen.
Abends lagerten sie in den Zelten der Griechen, welche diese am
thessalischen Abhange des Melnna-Passes im Stich gelassen hatten.
Sie hatten viele Gefangene gemacht, aber auch 700 Mann an
Todten und Verwundeten verloren. — Unter den Todten befand sich
der General Hafiz Pascha. Er ritt barhäuptig an der Spitze der
Mannschaft, trotz seiner 80 Jahre. Sein Adjutant bat ihn, als die
Kugeln sausten, abzusteigen. Hafiz erwiderte aber: „Ich stieg im
russischen Kriege nie ab, warum jetzt? Vorwärts, Kinder!" Gleich
darauf traf eine Kugel seinen linken Arm, er hielt trotzdem aus;
eine zweite Kugel zerschmetterte seine rechte Hand, er blieb ruhig
auf seinem Pferde, eine dritte Kugel durchbohrte endlich seinen Hals,
als er eben die Mannschaft anfeuerte.

3. Die Ereignisse nach der Einnahme des Melnna-Passes.

Soviel jedoch auch über den bereits begonnenen Vormarsch
nach Larissa gemeldet wurde, so zeigte es sich doch, daß derselbe nicht
ohne Weiteres angetreten werden konnte, da das Kriegsglück an
einzelnen Stellen auch den Griechen hold war. Dieselben rückten
am 20. April über Bughazi nach Damassi, nordwestlich am Reveni=
Passe, vor, nahmen das Dorf ein und steckten es in Brand. Eine
andere Brigade rückte über den Reveni-Paß nach der Ebene von
Damassi vor. Bei Nezero vernichtete griechische Artillerie zwei
türkische Batterien, wobei sich nur ein Hauptmann rettete, welcher
gefangen genommen wurde. Auch in Epirus schien die Sache ein
anderes Aussehen anzunehmen, da der griechische Oberst Manos,
nachdem er bei Bani den Arta-Fluß überschritten und Neokhori und
Pachykalamo besetzt hatte, gegen Tsaprash vorrückte. Die Stadt

Arta wurde theilweise beschossen, die griechischen Batterien brachten die Batterie Imaret, gegenüber der Stadt, zum Schweigen. Die Türken, welche um 5 Uhr morgens versucht hatten, die Arta-Brücke zu überschreiten, wurden mit Verlusten zurückgeschlagen, einige griechische Offiziere fielen bezw. wurden verwundet. Die Beschießung von Preveja wurde am 20. April mit Anbruch der Nacht eingestellt, sollte jedoch am 21. morgens fortgesetzt werden. Das Schiff „Basileus Georgios" näherte sich bis auf eine Entfernung von 150 m und wurde von den Türken durch Gewehrfeuer beschossen. Auch zur See schien sich die Lage der Türken ungünstiger zu gestalten, da Gerüchte darüber einliefen, daß die Griechen nach einem Kampfe mit den Türken Mytilene und Chios besetzt hätten. In Konstantinopel liefen auch Berichte über Unruhen in Chios, Mytilene und Samos ein, man erwartete dort eine organisirte Erhebung unter dem Beistande Griechenlands. Ferner hatten sich in Griechenland Freischaaren gebildet, welche dazu bestimmt wurden, die Aktion des griechischen Operationsheeres, insbesondere durch Insurgirung Macedoniens, zu unterstützen. Dieselben zerfielen in 17 Abtheilungen, an deren Spitzen die nachgenannten Führer standen: Parnassos, Mylanos, Bratas, Dinas, Persiterakis, Sarandis, Barazzos, Abiantis, Menos (Pope), Hadjipetros (Offizier der griechischen Armee), Kasalapulos (Offizier der griechischen Armee), Zamis, Nekitofis, Nerauris, Abarelid, Zarna, Orlow (Russe). Den Oberbefehl über sämmtliche Freischaaren führte Alexander Mylanos, Offizier der griechischen Armee. Die Freischaaren verfügten über eine Batterie von sechs Geschützen, die von einem griechischen Lieutenant kommandirt wurde. Ferner wurde am 21. April der für uns Deutsche allerdings etwas sonderbare Befehl gegeben, es sollten die Gendarmen und Polizeimannschaften dem Kriegsheere zugetheilt werden, welche denn auch an demselben Tage nach der Grenze abgingen. In den Städten übernahmen die Bürger den Wachdienst freiwillig.

Kehren wir nun wieder zu den Türken und zum thessalisch-macedonischen Kriegsschauplatze zurück. Die Griechen räumten dort am 21. April Turnavos, der Kampf zog sich dann nach Kutra, im Süden von dem schon erwähnten Damassi, wo die türkischen Batterien in einen Kampf gegen die in Zarkos stehende griechische Artillerie eintraten; man glaubte, daß, wenn die Einnahme von Kutra und Zarkos erfolgt wäre, der Vormarsch nach Larissa ausführbar sein würde. Vom Meluna-Passe wurde am 20. April ebenfalls gemeldet, daß dort die Vorbereitungen zum allgemeinen Vormarsche der türkischen Armee lebhaft im Gange seien. Reschat Pascha er-öffnete den Angriff auf die Griechen, die sich auf der letzten Höhe bei Turnavos wieder festgesetzt hatten. Die Griechen hatten mehrere Geschütze auf die Höhe gebracht, die jedoch bald ihre Thätigkeit einstellen mußten. Am Abend des 20. April traf in Konstantinopel die telegraphische Nachricht ein, das Dorf Kriechora sei von den Türken besetzt, die Division Reschat Pascha habe sämmtliche Punkte, mit Ausnahme eines, genommen, welche die Ebene von Larissa be-herrschen. In dieser Position wurden mehrere Gefangene gemacht sowie Waffen und Munition erbeutet. Die Griechen, welche bei dem Meluna-Passe geschlagen wurden, seien in westlicher Richtung und nach Larissa geflohen. Die Griechen befestigten hierauf zwischen Turnavos und Larissa eine Stellung bei Koztöj, wo sich zunächst beide Parteien defensiv verhielten. Um den Rückzug der Griechen von Koztöj abzuschneiden, wurden 24 Bataillone, 2 Kavallerie-Regi-menter und 1 Batterie abgeschickt. Eine andere Depesche meldete, daß nach Angabe einer Patrouille sich die Griechen auf dem Rück-zuge von Koztöj befänden. Edhem Pascha ordnete die Vereinigung der 6. Division von Koztöj mit der Operations-Armee an.

Am 20. April ging das zweite türkische Geschwader vom Goldenen Horn nach den Dardanellen ab, dasselbe bestand aus dem Panzer-schiff „Orthania", dem Monitor „Hifsirahman", der Korvette „Mansura", fünf Torpedobooten und vier in Kreuzer umgewandelten Dampfern der Marussa-Gesellschaft. Ferner ordnete die Regierung die Formirung einer aus 22 Bataillonen Infanterie, 2 Schwadronen Kavallerie und 7 Batterien bestehenden Reserve-Armee an; der Generalstab derselben wurde nach Uesküb gelegt. Gleichzeitig wurden zehn Jabors albanesischer Baschi-Bozuks gebildet, die gegen die griechischen Freischaaren verwendet werden sollten.

Die Post- und Telegraphendirektion mußte auf Befehl der Pforte alle Post- und Telegraphenbeamten griechischer Nationalität, welche in den Aufmarsch-, Mobilmachungs-, Truppentransport-Gebieten, sowie auf den Inseln des Archipels angestellt waren, auf entferntere Stationen versetzen.

Inzwischen begann Dienstag, den 20. April, morgens der all-gemeine Vormarsch der Türken, und wurde Turnavos nach einem mehrstündigen Artilleriekampfe gegen Mittag genommen. Eine

Privatmeldung aus Konstantinopel besagte ferner, daß die Divisionen Manduh und Neschad Pascha in der kräftigen Verfolgung der griechischen Armee 2 km vor Larissa eingetroffen seien und die Belagerung sofort begonnen hätten.

Wie ernst die Lage der Griechen trotz der Siegesnachrichten war, welche sie in den letzten Tagen ausgesprengt hatten, ging auch daraus hervor, daß aus Larissa dringend die Entsendung von Verstärkung gefordert wurde, da die Truppen durch die fortwährenden Angriffe der Türken erschöpft seien, und daß diese Verstärkungen, die Garnison von Athen und Gendarmerie, dann auch in aller Eile thatsächlich aus Athen abgeschickt wurden. Bei Damassi wurden auch am 21. die Griechen nicht völlig verdrängt, wenigstens dauerte der Kampf noch fort, und eine griechische Brigade beschoß den Ort. Auch an der epirotischen Grenze hatten die Griechen an diesem Tage wenig erreicht. Preve[s]a war immer noch nicht gefallen, und trotzdem aus Athen gemeldet worden war, Philippiadas sei bereits von den Griechen besetzt, mußte dies später widerrufen werden, da die griechischen Truppen noch gar nicht bis Philippiadas vorgedrungen waren. Erschreckt wurde man aber in Konstantinopel, als am 21. April dort die Nachricht einlief, daß die Griechen mit dem Plane umgingen, durch ihre Flotte Konstantinopel zu überrumpeln. Gelinge es der letzteren, die Dardanellen zu nehmen, dann würde sie vor dem Einlaufen und einem eventuellen Bombardement Konstantinopels nicht zurückschrecken. Bemerkenswerth war auch, daß der türkische Vizeadmiral Kalau v. Hofe, der dem ersten Geschwader zugetheilt war, am 21. April sein Kommando niederlegte. Kalau gab schon vor Wochen sein bestimmtes Gutachten dem Sultan gegenüber dahin ab, daß die türkische Flotte aktionsunfähig sei. In dieser Ueberzeugung schien der in türkischen Diensten stehende deutsche Marineoffizier neuerdings bestärkt worden zu sein.

Inzwischen war es auch aus den Nachrichten, welche am 23. April vom Kriegsschauplatz einliefen, nicht möglich, sich ein klares Bild über die Gesammtlage zu machen. Dies lag wohl daran, daß bei der Zersplitterung der Kriegsereignisse auf mehreren Gebieten und bei der Entfernung der Telegraphen eine einheitliche und schnelle Berichterstattung sehr erschwert wurde. Nichtsdestoweniger hatte man den Eindruck, als ob auf dem Kriegsschauplatze Leute fehlten, die im Stande waren, die Sachlage schnell zu erfassen und das Wesentliche in knapper und klarer Form zu Papier zu

bringen. Bis zu der am 19. April erfolgten Einnahme des Meluna=
Passes wurden die Kämpfe in ihren Hauptzügen durch die nach=
träglich eingelaufenen ausführlichen Berichte etwas verständlicher.
Ueber das, was darüber hinaus geschehen war, fehlten bis auf die
offizielle Meldung der Einnahme Turnavos seitens der Türken
genauere Nachrichten. Nur so viel war ersichtlich, daß, während
das Gros der Truppen Edhem Paschas seinen Vormarsch gegen
Larissa fortzusetzen schien, sein linker Flügel noch immer bei Nezero
und sein rechter Flügel bei Damassi durch Vorstöße der Griechen
aufgehalten wurde. Während nun am 23. April die Griechen
östlich, bei Nezero, zurückgeworfen wurden und sich auf Maurichori
zurückziehen mußten, wo sie sich verschanzten, schienen sie westlich
einige bedeutendere Erfolge zu haben, denn es wurde aus Larissa
gemeldet, daß die Griechen Gritzovali, wo sie früher geschlagen
worden waren, wieder eingenommen hätten, nachdem die Evzonen
und eine Gebirgs-Batterie die Berge östlich vom Kloster St. Georg
besetzt und die Türken in der Flanke angegriffen hatten. Nach
einem erbitterten mehrstündigen Gefechte hätten die Türken, welche
die Griechen von Mati und Ligaria weggedrängt hatten, 380 Mann
von der cirkaffischen Reiterei vorgehen laffen. Dieselben wurden
aber unter starken Verlusten durch die Artillerie und die Evzonen
zurückgetrieben. Nachdem das Gefecht noch den ganzen Tag ge=
dauert hatte, wurden die Türken schließlich durch die Infanterie und
Artillerie, welche in einem Halbkreise von Turnavos bis Karabali
aufgestellt war, auf Ligaria zurückgeworfen. Ja es verlautete sogar
in griechischen Kreisen, die Türken seien auf dem Rückzuge über den
Meluna=Paß nach Elaffona. Diese griechischen Mittheilungen mußte
man aber mit Vorsicht aufnehmen, denn in derselben Depesche wurde
mitgetheilt, daß die Nahrungsmittel knapp wären und die Hospitäler
gefüllt seien. Man verlangte in Griechenland dringend Pflegerinnen
und Wundärzte, da fortwährend Verwundete eingebracht wurden und
die Operationen ohne Chloroform ausgeführt werden mußten, ein
neuer Beweis, mit wie unverantwortlichem Leichtsinn die Griechen
in den Krieg eingetreten waren.

4. Edhem Pascha übernimmt den Befehl über die Oſt-Armee, Osman Pascha den Oberbefehl. Saad Eddin Pascha übernimmt an Stelle Hifzi Paſchas den Oberbefehl in Epirus.

Von türkiſcher Seite wurde nur bekannt, daß Edhem Paſcha plötzlich wieder nach Elaſſona zurückgekehrt war, angeblich um die Maßnahmen für den Vormarſch der Truppen zu beſchleunigen, und daß Ghazi Osman Pascha, der Sieger von Plewna im ruſſiſch= türkiſchen Kriege 1877, am 23. April nach dem Kriegsſchauplatz ab= gereiſt ſei. Das ſchien darauf hinzudeuten, daß der Vormarſch der Truppen ſich doch nicht ganz nach dem Wunſche der türkiſchen Regierung vollzog, vielleicht aber machten ſich auch Eiferſüchteleien hoher militäriſcher Perſönlichkeiten in Konſtantinopel geltend, welche Edhem Paſcha die bisherigen Erfolge nicht gönnten. Beſonders war daran der bisherige Günſtling des Sultans Jzzet Bey be= theiligt, welcher, wie man ſagte, 30 000 Pfund annahm, um den Beſchluß betreffend die Kriegserklärung zu verhindern, und drei De= peſchen Edhem Paſchas unterſchlug, ehe die Kriegserklärung erfolgte. Bezüglich der Vorgänge an der epirotiſchen Grenze wurde nur be= kannt, daß der Befehlshaber der griechiſchen Weſt-Armee, Oberſt Manos, ſich auf türkiſchem Gebiet in Strivina, etwa 16 km nord= weſtlich von Arta, feſtgeſetzt, und daß das griechiſche Weſtgeſchwader Mouto, nördlich von Preveſa, beſchoſſen habe. Das griechiſche Oſt= geſchwader ſetzte ſeinen Weg von Platamona (am Golfe von Salo= niki) nordwärts fort und beſchoß Stalade Letokhori, das dabei in Brand gerieth, und Katerina, wo die für das türkiſche Heer be= ſtimmten Niederlagen von Lebensmitteln zerſtört wurden. Ja, man ſagte ſogar, Edhem Paſcha hätte 8000 Mann nach der Küſte ab= geſchickt, da er die Beſorgniß hegte, die Griechen könnten landen und ihm in den Rücken fallen.

Jetzt, wo der Krieg in vollem Gange war, wurde auch für die Pflege der Kranken und Verwundeten vom Auslande geſorgt. In Deutſchland trat am 22. April das Centralkomitee der deutſchen Vereine vom Rothen Kreuz zu einer Sitzung zuſammen, in welcher der Vorſitzende, Kammerherr v. dem Kneſebeck, über die von ihm gethanen vorbereitenden Schritte zur Entſendung einer Expedition auf dem türkiſch=griechiſchen Kriegsſchauplatz Mittheilung machte. Das griechiſche Komitee vom Rothen Kreuz hatte das Hülfsanerbieten des deutſchen Rothen Kreuzes dankend angenommen, während die

Verhandlungen über die der türkischen Verwundetenpflege zu leistende
Hülfe durch das Auswärtige Amt noch in der Schwebe waren. Im
Einverständniß mit den Vorschlägen des Vorsitzenden beschloß das
Centralkomitee zunächst die Entsendung einer Abordnung nach Athen,
bestehend aus 2 Aerzten, 2 männlichen Krankenpflegern und
5 Schwestern des Viktoria-Hauses nebst dem für 100 Köpfe erfor=
derlichen Verband= und Lazarethmaterial, und eröffnete dem Vor=
stande den zur Ausführung der zu treffenden Maßregeln erforder=
lichen Kredit.

Gleichzeitig erließ der türkische Generalkonsul Zwicker in
Berlin unter dem Hinweise darauf, daß die Pforte den „Rothen
Halbmond" beauftragt hätte, seine barmherzige Thätigkeit zu be=
ginnen, einen Aufruf, worin er um Gaben bat, die von ihm an
den „Rothen Halbmond" in Konstantinopel, der dort nach dem Vor=
bilde des Rothen Kreuzes thätig ist, abgesandt werden sollten.

Inzwischen waren am 23. April keine weiteren Nachrichten
vom thessalischen Kriegsschauplatze eingelaufen. Es wurde jedoch an
diesem Tage bekannt, daß der bisherige türkische Kommandirende der
epirotischen Armee Achmed Hifzi Pascha abgesetzt und an dessen
Stelle Saad Eddin Pascha ernannt worden war, welcher ebenfalls
am 23. April nach dem Kriegsschauplatze abreiste. Diese Thatsache
erklärte sich aus einer Niederlage, welche die Türken in Epirus er=
litten. Wie schon erwähnt, hatte Oberst Manos Stribina auf
türkischem Gebiete besetzt. Außerdem aber eroberte die Hauptmacht
der griechischen West=Armee nach heftigem Widerstande das am
Luros=Flusse gelegene Philippiadas, wobei die Türken große Verluste
erlitten. Zur Absetzung Hifzi Paschas trug wohl aber auch noch
der Umstand bei, daß in Janina sich ein Redif=Bataillon weigerte,
vorzugehen. Auch zur See schienen die Griechen Fortschritte zu
machen, denn in Konstantinopel traten Gerüchte von einem griechischen
Angriffe gegen Saloniki zur See auf, welche naturgemäß große
Beunruhigungen hervorriefen, denn die Stadtmauer dieser Stadt
und das Kastell Yrbikule waren für den Fall eines Seeangriffes
werthlos. Einen solchen konnte nur die im Jahre 1885 erbaute
Küsten=Batterie zurückweisen, die mit Krupp'schen 15 und 21 cm
Geschützen ausgerüstet war. Auf Grund der in den letzten Tagen
eingelaufenen unglücklichen Nachrichten vom Kriegsschauplatze wurde
am 22. April in Konstantinopel ein Kriegsrath abgehalten, dessen
Ergebniß war, daß der Sultan telegraphisch die Mobilisirung von

92 neuen Redif-Bataillonen aus dem asiatischen Armeekorps anbefahl. Sämmtliche Dampfer, welche die Transport-Dampfergesellschaft „Mahsulse" zur Verfügung gestellt hatte, erhielten Ordre, sich an den verschiedenen asiatischen Küstenplätzen zur Einschiffung des neuen Aufgebotes bereit zu halten, dasselbe wurde unverzüglich nach Macedonien geworfen. Zu dieser Maßregel wurde der Sultan auch dadurch bewogen, daß der bulgarische Vertreter erklärte, wenn der Sultan am 22. April nicht fünf Berats für bulgarische Bischöfe bewilligte, würde die bulgarische Regierung mobil machen und Bulgarien sich eventuell zum unabhängigen Königthum proklamiren.

Durch alle diese Umstände und eingelaufenen Nachrichten wurde der Sultan dazu bewogen, einen Wechsel im Oberkommando eintreten zu lassen. Am 24. wurde offiziell bekannt, daß Ghazi Osman Pascha zum Oberstkommandirenden des gesammten gegen Griechenland operirenden türkischen Heeres ernannt worden sei und Edhem Pascha den Befehl der Ost-Armee behalten habe. Osman Pascha wurde nicht nur von der ganzen Armee als alter Kriegsheld vergöttert, sondern er war auch der ganz besondere Vertrauensmann des Sultans, und es hieß, daß dieser ihm die Vollmacht ertheilt habe, ganz nach eigenem Ermessen zu handeln, während Edhem Pascha diese Operationsfreiheit vergebens verlangt hatte — angeblich, weil man einem so jugendlichen Führer nicht die schwere Verantwortung anzuvertrauen wagte — und deshalb mit der militärischen Centralbehörde in Konflikt gerathen war. Nur auf diese Umstände und nicht auf die kleinen Mißerfolge ließ sich die Ernennung Edhem Paschas zum Kommandeur der Ost-Armee zurückführen.

Uebrigens stellte es sich auch heraus, daß die Erfolge, welche die Griechen am 23. April gehabt haben wollten, wenigstens auf dem thessalischen Kriegsschauplatze bedeutend übertrieben waren, denn die Türken hielten auch am 23. April nach wie vor Turnavos besetzt und setzten ihren Vormarsch durch die Ebene von Larissa fort, jedoch gingen die Griechen einem allgemeinen Kampfe aus dem Wege. Es hatte sich also bei den letzten Kämpfen um Grivitza, Vigaria 2c. mehr um kleine Scharmützel gehandelt, die durch Angriffe der Griechen, wie auf dem rechten Flügel des Gros der türkischen Armee, so auch auf dem linken bei Nezero fortwährend herbeigeführt wurden und offenbar dazu dienen sollten, den Vormarsch der Türken nach Larissa möglichst aufzuhalten. Wie wenig Be-

deutung man aber diesen Kämpfen selbst in maßgebenden Athener
Kreisen beilegte, ging aus einer Londoner Depesche der „Times" aus
Athen hervor, welche besagte, daß trotz der günstigen Nachrichten
aus Epirus man an verantwortlicher Stelle die Lage als höchst
kritisch ansehe. Demselben Blatte wurde aus Athen berichtet, daß
die dortige öffentliche Meinung ein mehr thätiges Eingreifen des
Königs erwarte, dessen Zurückhaltung als viel zu weitgehend be=
trachtet wurde. Also trotz der günstigen Nachrichten aus Epirus
sah man an verantwortlicher Stelle in Athen die Lage als höchst
kritisch an — ein deutlicher Beweis, wie wenig zuverlässig die
griechische Berichterstattung war und wie sehr sich die Griechen in
Thessalien trotz der von ihnen angeblich erfochtenen Siege im Nach=
theile befinden mußten. Freilich ging ja der Vormarsch der tür=
kischen Armee nach Larissa (das von Turnavos nur etwa 16 km
entfernt ist) auffällig langsam vor sich. Es erklärt sich aber das
zum Theil dadurch, daß die Türken in Thessalien noch nicht in ge=
nügender Stärke versammelt waren, und daß die zur Verstärkung
nachgesandten Truppen bei den großen Terrainschwierigkeiten, welche
die zu überschreitenden Gebirgspässe boten, nur langsam vorrückten,
und die bereits in der thessalischen Ebene befindlichen Truppen, um
die Ankunft der Verstärkung abzuwarten, ihren Vormarsch auf
Larissa etwas verzögerten, da sie von den Griechen auf beiden
Flanken bedroht wurden. Aber doch wäre es vortheilhaft gewesen,
wenn die Türken bald auf eine Entscheidungsschlacht gedrängt hätten,
da ihnen inzwischen seitens der griechischen Flotte große Gefahren
drohten und ein etwaiger Angriff dieser auf bedeutende türkische
Küstenstädte, sei es Saloniki oder Smyrna 2c., leicht weitere sehr
ernste Verwickelungen im Gefolge haben konnte. Außerdem standen
bei den Türken am 24. April bereits 350 000 Mann unter den
Waffen, wovon 217 000 Mann in Europa waren.

5. Die Besetzung Larissas. Uebersicht der bisherigen Ereignisse.

Die eigentliche Entscheidungsschlacht sollte indessen vorläufig
noch nicht erfolgen, sondern die Griechen flohen, nachdem noch Gefechte
in der Nähe von Turnavos, so z. B. bei Mati, stattgefunden hatten,
wo der griechische Kronprinz und sein Generalstab durch die
attackirende türkische Reiterei in ernste Gefahr geriethen, so daß sie
sich nur durch eiligen Rückzug retten konnten, in großer Unordnung

über Larissa hinaus. Die türkische Kavallerie besetzte infolgedessen am Mittag des 25. April Larissa.

Ueber den türkischen Sieg bei Mati wurde durch einen Be= richterstatter, welcher sich auf türkischer Seite befand, Folgendes bekannt:

Der Befehl zum Angreifen der griechischen Stellungen war ergangen. Die türkischen Signalhörner ertönten, und der Bericht= erstatter mit seiner Umgebung ritt vorwärts nach einer Stellung nahe bei den türkischen Geschützen. Unter dieser Stellung waren die Linien der grauen Infanterie zu sehen, wie deren Feze sich im Winde bewegten und die Gewehre funkelten. Hinter dem rauhen Gebrüll der Kanonen glaubte man das Hurrahgeschrei kampf= begieriger Männer zu hören. Das Schauspiel war ein prächtiges. Unter der Stellung der türkischen Kanonen lag die bewaldete Ebene, zur Rechten lagen die Dörfer, welche die Türken im Begriff waren anzugreifen.

Ueber die grüne Fläche zerstreut erblickte man kleine Flecken blauen Rauches, dort feuerte die griechische Infanterie. In einem der Dörfer stand ein Haus in dichten Flammen. Das Centrum der griechischen Defensive war ein großes, würfelförmiges Haus, welches hellgrau in der leuchtenden Sonne dastand. Das Haus stand auf einem niedrigen Hügel und bot einen wirkungsvollen Gegensatz zu dem grünen Rasen. Zur Linken glänzte ein kleines Minaret (Thurm einer Moschee). Rings um das Haus und das Minaret wimmelte es von kleinen schwarzen Gestalten, es waren die griechischen Soldaten. Sie feuerten beständig auf die türkischen Tirailleure, als diese vorrückten. Die türkischen Scharfschützen waren in aufgelösten Reihen über die weite Ebene zerstreut. Hinter ihnen befanden sich Massen von Leuten in geschlossener Ordnung. Das Ganze bewegte sich vorwärts, mechanisch, unerschütterlich. Vor sich sah man den Rauch aus den Geschützen quellen, ringsum den Staub von den Tritten der marschirenden Leute, hinter diesen sah man daliegende menschliche Körper die Wegspur bezeichnen. Hier lagen sie weit voneinander, dort waren zwei oder drei dicht zusammen, wo eine Granate geplatzt war und ihr furchtbares Werk verrichtet hatte. Andere Gestalten marschirten nicht weiter vorwärts, sondern hatten sich umgedreht und bewegten sich langsam nach rückwärts. Die Türken rückten vor, wie immer. Die Griechen um das Haus herum liefen nach hinten und liefen nach vorn, als Ganzes aber be=

haupteten sie ihren Fleck. Das Knattern des Gewehrfeuers tönte
unaufhörlich von der Ebene herauf; da waren immer dieselben
kleinen Flecken von Feuer und Rauch, derselbe Staub, dieselben
winzigen Figuren, die auf der Ebene dalagen. Langsam kamen die
türkischen Tirailleure dem grünen Abhange des kleinen Hügels näher,
auf dem das Haus stand. Jetzt hatten sie ihn, sie bewegten sich
langsam, mit derselben maschinenmäßigen Präzision hinauf. Und
nun kamen die Griechen um das Haus herum in große Unruhe;
sie eilten hierhin und dorthin, sie liefen zurück, sie flohen. Die
Türken hatten das Centrum der griechischen Stellung genommen.
Da wurde auf keinen Bajonettangriff mehr gewartet, der kalte Stahl
fand keine Arbeit vor. Die türkischen Ambulanzen fuhren vorwärts,
um die Verwundeten aufzulesen, und Edhem Pascha ritt seinen sieg=
reichen Truppen nach. Die türkischen Verluste waren sehr klein, es
waren nur 10 Todte und 38 Verwundete, darunter nur wenige
schwer verwundet. In den Reihen der Griechen waren viele Todte
und Verwundete. 50 Griechen wurden gefangen genommen, elende
entmuthigte Leute.

Unmittelbar nach der Schlacht räumten die Griechen ihre
Stellung bei Krisira (Kritiri), wodurch Turnavos in die Hände der
Türken fiel. Die Griechen verließen ihre Verschanzung im Mittel=
punkt der Ebene, und ihre ganze Linie retirirte vor dem türkischen
Vormarsche rechts und links. Sie leisteten keinen längeren Wider=
stand mehr, ihre Flucht schien vielmehr in Verwirrung überzugehen.
Gewehre, Bajonette, Säbel, Gürtel, Granaten, Patronen, Tornister,
Tschakos und alle anderen Trümmer des Schlachtfeldes, damit war
ihre Rückzugslinie besät. Einige von ihnen hatten sogar ihre Stiefel
weggeworfen. Hier und dort lag in diesem unglaublichen Durch=
einander ein todter Soldat.

Am Sonntag, den 25., morgens ging der Berichterstatter zu
Edhem Pascha, um ihm zu gratuliren. Er saß in einem für den
General des Feindes aufgestellten griechischen Zelte. Wie der
Berichterstatter zu Edhem kam, sagte dieser: „C'est fini!“ Er
zeigte keine übermäßige Freude über den glänzenden Erfolg, den er
in demselben Augenblick dem Schicksal entriß, wo man ihn als
Oberstkommandirenden absetzte. Er fuhr auf französisch fort: „Ich
kann mir nicht vorstellen, weshalb die Griechen ihre Stellung auf=
gegeben haben. Sie ist von Natur stark und sie haben wochenlange
Arbeit und Tausende an Geld daran gewendet, um sie zu befestigen.

Sie sagten, sie wollten kämpfen, und wir waren dazu bereit. Ich verstehe nicht, weshalb sie weggelaufen sind. Es ist ärgerlich. Ich hätte nur gewünscht, daß sie noch sechs Stunden aushielten, um sie ganz vernichten zu können." Das war für Edhem eine lange Rede, denn er war ein Mann von Thaten, nicht von Worten. Das naive Erstaunen des Paschas über die Griechen, die das Weite gesucht hatten, ehe er sie in sein Netz bringen konnte, amüsirte den Bericht= erstatter. Aber Edhem blinzelte nicht mit den Augen.

Er sagte nur langsam und ernst: „Unsere albanesischen Regi= menter haben eine schlechte Gewohnheit. Sie haben die Musik gern, sie singen immer auf dem Marsche. Sechs ihrer Bataillone be= wegten sich auf ein Dorf zu, um den Griechen die Rückzugslinie abzuschneiden, und ein griechischer Priester hörte sie singen, wie das ihre Gewohnheit ist. Er warnte den griechischen Offizier gerade rechtzeitig. Sonst hätten wir den Kronprinzen hier zum Mittag= essen gehabt."

Mit der Einnahme von Larissa war die erste Phase des türkisch= griechischen Krieges beendet, der Einmarsch der türkischen Armee in Thessalien war geglückt. Werfen wir einen Ueberblick über die bis= herigen beiderseitigen Operationen und die sich aus ihnen ergebende nunmehrige strategische Lage, so läßt sich dieselbe in folgender Weise charakterisiren. Die griechische Heeresleitung hatte sowohl in Thessalien wie in Epirus die Grenze, die durchweg über ein nur auf Pässen zu überschreitendes Gebirge führte, ziemlich gleichmäßig besetzt. Sie hatte begonnen, Insurgentenbanden, vermischt mit regulären Truppen, allmählich überall auf türkisches Gebiet vorzuschieben, um sich in den Besitz der Paßhöhen und der auf türkischem Gebiet mündenden Paß= ausgänge zu setzen, und hoffte mit Hülfe dieser Truppen das Land im Rücken der türkischen Armee zu insurgiren. Ließen sich die Türken dupiren, d. h. gelang es, die Pässe fest in die Hand zu be= kommen und stark zu befestigen und den Aufstand zu entfesseln, ehe die Türkei sich dazu aufraffte, offiziell den Kriegszustand zu erklären, so unterblieb voraussichtlich eine türkische Offensive.

Das Spiel mißlang durch den Befehl zum Einmarsch an die um Elassona konzentrirte türkische Armee. Die Griechen wurden hierdurch überrascht, und zwar ziemlich unangenehm, denn ihre militärische Lage war entschieden ungünstig. Die unvermeidliche Folge ihres Planes war eine Verzettelung ihrer Streitkräfte auf der ganzen Grenze gegenüber einer überlegenen, zum Einmarsch

bereiten und zum größten Theil konzentrirten Armee. Die un=
mittelbare Vertheidigung eines Gebirges wird auf die Dauer selten
gelingen, da es dem Gegner immer frei steht, auf einem Punkte mit
Uebermacht zu erscheinen und hier ohne Rücksicht auf Opfer den
Durchmarsch zu forciren. So geschah es durch die Türken voll=
kommen zielbewußt am Meluna=Paß. Nur natürlich war es, daß
auf anderen Punkten, bei Damasi und Rezeros, besonders aber auf
dem Neben=Kriegsschauplatz in Epirus, die Griechen in der Ueber=
zahl waren und Theilerfolge errangen. Je mehr sie dieselben aus=
beuteten, um so mehr Kräfte mußten beim Entscheidungskampfe fehlen.
Den Griechen blieb jetzt Zweierlei übrig. Entweder sie gaben die
Grenzvertheidigung auf und konzentrirten ihre Armee weiter rück=
wärts — nicht bei Larissa, das viel zu nahe am Meluna=Passe
lag — oder sie warfen sich mit aller Kraft auf den einbringenden
Gegner, um ihn zu überwältigen, ehe er seinen Aufmarsch durch den
einzigen zur Verfügung stehenden Paß bewerkstelligt hatte. Zu dem
Ersteren, was die Räumung von Larissa bedingte und die Aufgabe
des größeren Theils von Thessalien, konnte man sich mit Rücksicht
auf den moralischen Eindruck im Lande nicht entschließen, und um
das Zweite mit Erfolg ins Werk zu setzen, genügten nicht die
„wüthenden Flankenangriffe", sondern dazu brauchte man starke, zu
diesem Zweck bereitgestellte Reserven, die aus den oben entwickelten
Gründen fehlten. So charakterisirte sich die Thätigkeit der griechischen
Armee in den letzten Tagen als ein verzweifeltes Fechten mit ungenügen=
den Kräften um einzelne Positionen in der Front und um ein völlig
zweckloses Ausnutzen von Theilerfolgen auf den Flügeln, während
die türkische Armee ruhig und sachgemäß ihren Aufmarsch vollendete
und den Vormarsch auf Larissa vorbereitete. Nichts wäre falscher
gewesen, als wenn Edhem Pascha übereilt den Vormarsch angetreten
hätte. Jedenfalls mußte er zuerst die feindlichen Angriffe abwehren
und Sorge tragen für die Sicherung seiner durch die feindlichen
Flankenstellungen und eine unzuverlässige Bevölkerung sehr gefährdeten
Verbindungen. Der Erfolg konnte nicht zweifelhaft sein, auch für
die griechische Heeresleitung nicht. Die Griechen beschlossen nun,
nach der Preisgabe von Larissa, ihre Armee weiter südlich bei Pharsala
zu konzentriren. Das Gelingen dieser Absicht hing von dem Zu=
stande ab, in welchem die Armee von Larissa zurückging. War sie
geschlagen, so war es wahrscheinlicher, daß ganz Thessalien ver=
loren ging.

6. Die weiteren Ereignisse seit der Preisgabe von Larissa.

Inzwischen war mit dem weiteren Vorschreiten der Ereignisse das türkische Hauptquartier nach Kasaklar (einige Kilometer östlich von Turnavos) verlegt worden. Die Griechen, welche in großer Unordnung von Larissa geflohen waren, ließen dort eine große Menge von Kriegsmaterial und Munition zurück, und zwar wurden von den Türken 6 12 cm-Geschütze und 2 Gebirgsgeschütze genommen. In Larissa war am 25. abends während des Rückzuges der griechischen Armee eine furchtbare Panik ausgebrochen; man hatte angefangen, einzusehen, daß der Ernst der Lage in Athen nicht richtig gewürdigt wurde, denn die Nachrichten, welche dort vom Kriegsschauplatze einliefen, suchten die Niederlagen immer noch zu beschönigen; so wurde z. B. zwar zugestanden, daß Larissa geräumt sei, jedoch gleichzeitig auch gemeldet, daß die Truppen vor ihrem Abmarsch von dort die in den befestigten Batterien befindlichen Geschütze vernagelt, alle Feldgeschütze jedoch und die Munition hätten mitnehmen können. In Athen beschloß die Regierung, trotz der vielen Niederlagen der letzten Tage, den Kampf fortzusetzen und mit um so größerer Energie Widerstand zu leisten, als die neue Vertheidigungslinie bei Pharsala für noch stärker angesehen wurde als die bisherige an der Grenze. Auf dieser Vertheidigungslinie hatten die Griechen am 25. April drei Brigaden vereinigt. Schon am 22. war auch bei den Griechen ein Wechsel im Oberkommando eingetreten. Generalmajor Makris, der eigentliche Höchstkommandirende — der Kronprinz Konstantin hatte nur nominell den Oberbefehl — der griechischen Armee, legte an diesem Tage sein Amt nieder, und zu seinem Nachfolger wurde Oberst Mavromichalis, der bisherige Kommandant der Division von Trikala, ernannt.

Auch auf dem epirotischen Kriegsschauplatze wurden die Griechen zurückgeschlagen. Dieselben waren auf dem Wege nach Janina bereits bis Fort Pentepighabia vorgedrungen, wurden aber durch die gegen sie von Janina anrückenden türkischen Kräfte in einer Stärke von 15 Bataillonen unter Führung Achmed Fizi Paschas zum Rückzuge bis nach Arta gezwungen. Bei dem Kampfe, welcher der am 23. April erfolgenden Wiedereroberung des Blockhauses von Pentepighabia voranging, betrug der Verlust der Griechen 300 Todte, 219 Verwundete und 62 Gefangene, außerdem wurde viel Kriegsmaterial erbeutet. Auf Seiten der Türken hingegen wurden nur

51 Mann getödtet und 1 Offizier und 73 Mann verwundet. Schließlich mußte Oberst Manos den Rückzug nach Arta antreten.

Für die Erfolge der letzten Tage wurde Edhem Pascha vom Sultan der Nischani-Imtiaz-Orden und den Kommandeuren der sechs Divisionen Hadji Hairi Pascha, Hakki Pascha, Membuh Pascha, Omer Reschat Pascha, Haidar Pascha und Achmed Hambi Pascha der Großkordon des Osmanie-Ordens mit Brillanten verliehen; außerdem stiftete der Sultan für das Yildiz-Spital 1000 Pfund und befahl, daß zwei direkte Ambulanz-Trains zu 10 Waggons mit 80 Betten direkt zwischen Karaferia und Konstantinopel verkehren sollten. Auch ein deutscher Offizier, der Artillerieinstrukteur bei der türkischen Armee, v. Grumbkow Pascha, wurde vom Sultan durch Verleihung des Osmanie-Ordens mit Brillanten ausgezeichnet, und zwar in ganz besonderer Anerkennung des muthigen Verhaltens, das Grumbkow Pascha bei dem Marsch auf Larissa an den Tag gelegt hatte. Als nämlich die türkischen Truppen nach harten Kämpfen bei Turnavos auf Larissa vormarschirten, fiel es auf, daß in der ganzen Ebene keine Griechen mehr zu sehen waren. Grumbkow Pascha, der mit zwei Regimentern an der Tete ritt, vermuthete, wie die anderen Offiziere, irgend ein Unheil. Er ließ deshalb, als die Truppen dem Salamvria-Flusse nahe gekommen waren, Halt machen und betrat allein die Brücke, die die Türken auf das rechte Flußufer bringen sollte. Seine Befürchtung bestätigte sich: die Griechen hatten Minen gelegt, die sich entladen sollten sobald die ersten türkischen Truppentörper die Brücke passiren würden. v. Grumbkow Pascha entfernte vor den Augen der türkischen Soldaten die Drähte der Minenleitung, um sich sodann wieder an die Spitze der Truppen zu setzen und als Erster in Larissa einzurücken.

Hinsichtlich der letzten von den Türken in Thessalien erfochtenen Siege wurde am 27. April noch bekannt, daß Edhem Pascha sich im Ganzen mit vier Divisionen auf die 65 000 Mann starke griechische Armee warf und daß die Griechen, welche trotz ihrer Ueberzahl und guten Positionen dem Ansturm der Türken nicht Stand zu halten vermochten, sich in wilder Flucht nach Pharsala zurückzogen. Edhem Pascha richtete nun für das besetzte Gebiet eine Polizeitruppe zur Sicherung des Lebens und Besitzthums der Einwohner ein.

In Pharsala waren unterdeß sämmtliche thessalischen Truppen der Griechen, etwa 40 000 Mann, eingetroffen, und es wurde eifrig an den Verschanzungen gearbeitet. Die Eisenbahn zwischen Larissa und Volo wurde zerstört. Die Regierung hatte nach dem Eintreffen von der Nachricht der Niederlage zuerst die Absicht gehabt, die Türkei um einen Waffenstillstand zu bitten, jedoch gab sie, wie wir schon gesehen haben, diese Absicht dann wieder auf. In der öffentlichen Meinung wurde der Rückzug von Larissa auf das Heftigste verurtheilt.

Nach der Einnahme Larissas setzten die Türken Natik Bey, einen Adjutanten des Sultans, zum Kommandanten Larissas ein. Inzwischen rückten die Türken am 26. April weiter vor, denn die Vorhut derselben gelangte an diesem Tage schon 4 km über Larissa hinaus, man behauptete sogar, daß die Türken schon eine Stunde Weges entfernt von Volo ständen, doch erscheint dies kaum glaublich, da am 25. erst Larissa genommen wurde.

Ueber das Gelände, auf das der Krieg nunmehr überging, ist Folgendes zu sagen: Bei Larissa findet eine Theilung der Straßen nach den südlichen Meeresküsten Griechenlands statt. Die eine dieser Verbindungen führt als vorzügliche Chaussee nach Volo und ist auch von der Eisenbahn Larissa—Volo begleitet. Ein Zweig dieser Straße führt als einfacher Fahrweg von Rizomylos gegen Süden nach Armyro und dem Hafenorte Nea Minzela. Von Larissa unmittelbar gegen Süden zieht vorerst über das kahle Hügelland ein ziemlich guter Weg nach Pharsala und sodann mit westlicher Umgehung der beschwerlichen Kalkgebirge, weiter über Domoko und quer über den Rücken des Othrys-Gebirges nach Lamia als Fahrweg von wechselnder Güte, jedoch im südlichen Abstiege von letztgenanntem Gebirgsrücken sorgfältig in gutem Stande erhalten. Pharsala ist eine Stadt von etwa 8000 Einwohnern, hauptsächlich griechischer Nationalität, und liegt am Nordfuße eines kalkigen Felsberges, auf welchem aus dem Mittelalter ein Kastell mit Mauern und Eckthürmen steht, das bis zur Uebergabe Thessaliens an Griechenland als türkisches Staatsgefängniß gedient hatte. In der Ebene nordwestlich der Stadt Pharsala findet sich das berühmte Schlachtfeld, wo Cäsar seinen Gegner Pompejus trotz dessen vierfacher Ueberlegenheit vollständig besiegte.

Pharsala selbst liegt an den Ausläufern des Othrys-Gebirges, dort, wo eine fruchtbare, vom Enipeus oder Kutschuk Tschanarly und dem Apidanus oder Phaselitis bewässerte Ebene beginnt. Terrassenförmig steigt das Städtchen an der Basis eines 110 m hohen kegelförmigen Kreidefelsens empor. Das schon erwähnte Kastell beherrscht

hoch auf dem Felsen gelegen die Stadt und die Ebene, über welche
die Blicke bis zu den majestätischen Gipfeln des Olymp im Norden
und des Pelion und Ossa im Nordwesten schweifen. Pharsala bietet
mit seiner langen Reihe weißgetünchter Häuser wenig Interessantes:
nur oben auf dem Gebirgsvorsprung findet man noch Reste eines
uralten unterirdischen Baues und Spuren cyklopischer Mauern einer
Akropolis. Einst war Pharsala eine der mächtigsten Städte
Thessaliens, und heute ist sie nur ein Schatten ihrer alten Größe:
die Eisenbahnverbindung mit Volo durch die Linie Volo—Trikkala—
Kalabaka, deren Bahnhof allerdings sehr weit abgelegen ist, hat
nicht vermocht, zum Aufschwunge Pharsalas beizutragen. Die von
Larissa nach Pharsala führende Landstraße läuft in etwa sieben
Stunden nach Domokos und erhebt sich oberhalb eines Defilees auf
einem hohen und abschüssigen Felsen, auf dem eine Akropolis steht,
deren Spuren noch heute vorhanden sind. In sechs Stunden überschreiten wir, von Domoko unseren Marsch auf Lamia oder Zeituni
richtend, den Rücken des Othrys; der Weg ist beschwerlich und passirt
verschiedene leicht zu vertheidigende Defilees. Die sonstigen das
Othrys-Gebirge überschreitenden Wege, aus der thessalischen Ebene
in das lachende Thal des Spercheios führend, sind nur rauhe Gebirgs-
pfade, die für Truppenübergänge schwerlich in Betracht kommen und
von den Griechen leicht zu vertheidigen sein würden, besonders da
der von Kirkini ausgehende, das Kalkgebirge des Othrys umgehende
Weg meist sehr nahe an die Küste herantritt, so daß diese Passage
mit Hülfe der griechischen Flotte gedeckt werden könnte. — Lamia,
am südlichen Fuße des Othrys gelegen, hat auch heute noch Manches
aus der alten türkischen Zeit bewahrt, sowohl durch die Reste einiger
Moscheen wie in der Bauart der Häuser und durch einen Bazar.
Bis zum Jahre 1881 war dieser Platz Hauptstützpunkt der Griechen
gegen die nahe türkische Grenze; auch heute befindet sich noch stets
eine ziemlich starke Garnison in Lamia, deren Aufgabe hauptsächlich
darin besteht, Jagd auf die im Gebirge hausenden Räuber zu machen.
Eine Citadelle, auf der Stelle der alten Akropolis erbaut, krönt
den die Stadt überragenden Hügel und ist von außerordentlicher
strategischer Wichtigkeit. Eine ausgezeichnete Heerstraße führt in
drei Stunden nach Stylis, dem alten Hafen von Lamia, welcher
eine gute Unterstützung des griechischen Landheeres durch die griechische Flotte ermöglicht.

Der Generalstab der griechischen Armee, zu dessen Chef jetzt der Oberst Smolenski, der Vertheidiger von Reveni, ernannt worden war, berieth nun über die Vertheidigung von Volo und die Einnahme einer staffelförmigen Vertheidigungsstellung der Armee bei Pharsala; die Höhen bei dem etwa 35 km nordöstlich von Pharsala gelegenen Velestinos wurden von einer unabhängigen Brigade besetzt, und ferner wurde auf dem 20 km nordwestlich von Pharsala gelegenen Höhen von Kynos-Kephale Stellung genommen. Was den epirotischen Kriegsschauplatz anbetrifft, so besetzten die griechischen Truppen nach der Wiedereroberung von Pentepighabia durch die Türken die diesen Platz umgebenden Höhen, und der griechische Befehlshaber, Oberst Manos, verlangte Verstärkung, um seinen Vormarsch nach Janina fortsetzen zu können. Infolge dieser Forderung ging Oberst Baizktaris mit 2000 ausgewählten Soldaten nach Epirus ab.

Der Kommandant des griechischen Panzergeschwaders Sachturis wurde am 26. April zur Disposition gestellt und durch den Admiral Stamatellos ersetzt.

Wie aus Vorstehendem zu ersehen ist, war die Lage in Griechenland, durch die letzten Niederlagen der griechischen Truppen, eine ziemlich bedenkliche geworden. Dieselbe schien sich jetzt aber noch dadurch zu verschlimmern, daß wegen der militärischen Mißerfolge innere Wirren auszubrechen drohten. In Athen konnte man die schweren erlittenen Enttäuschungen nicht ertragen, und die Volksstimmung wandte sich jetzt — wie das vorauszusehen war — gegen den König Georg und dessen Familie. Man hielt eine Volksbewegung, wie sie der König schon gelegentlich seiner letzten europäischen Reise befürchtete, für unvermeidlich, ja die Lage der königlichen Familie war bereits so kritisch geworden, daß Vorkehrungen getroffen wurden für den Fall, daß sie genöthigt sein würde, in aller Eile das Land zu verlassen. Mit Recht konnte man einen Vergleich zwischen der französischen und griechischen Volksseele anstellen, denn es besteht eine frappirende Aehnlichkeit der jetzigen Vorgänge in Griechenland mit denen in Frankreich zur Zeit des Krieges 1870/71. Wie damals die Franzosen, so feierten auch jetzt die Griechen anfangs einen angeblich an der Grenze erfochtenen Sieg, und die frühere Begeisterung mußte sehr bald einer allgemeinen Niedergeschlagenheit weichen. Wie damals in Frankreich, hoffte man auch jetzt in Griechenland, daß die Flotte einen großen Coup ausführen werde, und als auch von dieser Seite nichts Erhebliches geschah, fing man an, die militärischen Führer verantwortlich zu machen und nacheinander die Abberufung derselben zu verlangen.

Es schien nun wirklich, daß der Vergleich vollkommen stimmen sollte und daß der jetzige Krieg, der von den Griechen in ähnlicher Weise vom Zaun gebrochen wurde wie der von 1870 von den Franzosen, gerade so wie bei diesen mit dem Sturze der Dynastie enden konnte. Wie damals die Franzosen ihrem Kaiser, so schoben jetzt die Griechen dem Kronprinzen, indirekt also auch dem König Georg, die Schuld an den Niederlagen zu, obgleich sie es waren, die den König zum Kriege drängten und in den Straßen von Athen „Es lebe der Krieg!" schrieen, wie die Volksmassen in Paris 1870 das bekannte „à Berlin!" Freilich rächte es sich hier, wie damals dort, daß der Chef des Staates, der schließlich für das Schicksal des Landes die Verantwortung trägt, sich nicht mit aller Energie der wilden, ungestümen Volksströmung zu widersetzen und einen Krieg zu verhindern verstand, dessen verhängnißvollen Ausgang er besser als irgend ein Anderer in seinem Lande voraussehen konnte und mußte.

Am 26. April hatte der griechische Ministerpräsident Delyannis eine lange Unterredung mit dem König. Bei derselben wiederholte der König Delyannis gegenüber, daß er bereit sei, jede Entscheidung der Regierung anzunehmen, die geeignet sei, eine Besserung der Lage herbeizuführen. Nach der Unterredung wurde der Ministerrath zu einer Sitzung einberufen, welche mittags begann.

Doch kehren wir zum Kriegsschanplatze zurück.

Es wurde aus den einlaufenden Nachrichten immer klarer, daß sich die griechische Armee, ohne eine wirklich ernste Schlacht anzunehmen, nach den Kämpfen bei Mati nicht, wie griechischerseits behauptet worden war, in guter Ordnung zurückgezogen hatte, sondern eine panikartige Flucht ergriff, was aus Folgendem hervorging: Am 23. verließ der Kronprinz Turnavos, um nach Larissa zu gehen. Nachmittags 2 Uhr vernahm man starkes Artilleriefeuer. In Larissa selbst hatte man keine Ahnung von der Gefahr und bereitete eine große Kirchenfeier vor. Um 6 Uhr ordnete der Kronprinz, ohne daß die Truppen bis dahin den Grund begriffen, den Rückzug nach Turnavos an. Bei Mati standen damals 12 000 Griechen gegen 12 000 Türken. Der Rückzug vollzog sich in guter Ordnung, bis die Dunkelheit eintrat. Da näherte sich die griechische Kavallerie von hinten den sich zurückziehenden Infanteriekolonnen. Die griechische

Infanterie glaubte, es wären Türken, und feuerte auf die eigene Kavallerie. Nun entstand eine unbeschreibliche Verwirrung und Panik, die Finsterniß vergrößerte dieselbe. Die Soldaten warfen ihre Waffen weg und stürzten in eiliger Flucht nach Turnavos, zwischen Weibern und Kindern liefen sie durch die Straßen dieser Stadt. Die Offiziere waren machtlos und konnten die Ordnung nicht wieder herstellen. Alles war in eine große Staubwolke gehüllt. Mit leichenblassen Gesichtern kamen um Mitternacht die ersten Flüchtlinge in Larissa an, Kavalleristen ohne Pferde, waffenlose Infanteristen liefen durch die Stadt, die Panik auch hier verbreitend. Unter der größten Verwirrung wurden 1000 Verwundete auf den Bahnhof gebracht. Inzwischen hielt der Kronprinz einen Kriegsrath ab, der beschloß, die Stadt zu vertheidigen. Um die Truppen wieder zu sammeln, gab man Hornsignale auf dem Marktplatze ab, aber keine 20 Soldaten kamen. Die Panik wuchs noch mehr durch das Gerücht, die Türken ständen vor der Stadt. Das weitere Gerücht, der Kronprinz habe die Stadt verlassen, erweckte eine furchtbare Wuth. Alles lief zum Bahnhof. Am schnellsten im Davonlaufen waren die italienischen Freiwilligen. Dieselben stießen Frauen bei Seite und warfen sich in den bereitstehenden Zug. Die Bevölkerung, wüthend, feuerte auf die Italiener, die das Feuer erwiderten. Im Momente der Flucht hatten die Griechen die Verbrecher aus den Kerkern befreit, welche die herrenlose Zeit benutzten, um die Magazine zu plündern. Als die ottomanischen Truppen heranrückten, begannen die befreiten Häftlinge auf sie zu schießen. Die Avantgarde ließ sich jedoch hierdurch nicht behindern und drang in die Stadt ein, wo sie von der muselmanischen und israelitischen Bevölkerung mit herzlicher Freude begrüßt wurde. Interessant ist die Schilderung eines Berichterstatters von Volo aus über die Flucht der griechischen Truppen von Larissa. Derselbe traf in Larissa mit einem französischen und einem englischen Korrespondenten zusammen, und alle drei beschlossen, Velestino zu erreichen, das zwischen Larissa und Volo liegt. Am Flusse begegneten sie türkischer Kavallerie. Sie vernichteten deshalb ihre Papiere und krochen zwei Stunden lang auf dem Bauche durch ein Weizenfeld, bis sie den nach Volo führenden Weg erreichten. Tausende von Flüchtlingen jagten dahin. Es boten sich ergreifende Bilder. Mütter schleppten kleine Kinder auf den Armen, viele Familien warfen längs des Weges Gold- und Silbersachen weg. Die Einwohner verloren Alles. Unterwegs trafen

3*

die Berichterstatter in dem Ort Masmanli flüchtende griechische Offi=
ziere, die von der aufgeregten Bevölkerung festgenommen waren und nun
erschossen werden sollten. Die Berichterstatter legten sich ins Mittel,
doch wurden die Offiziere in den Schuppen eines Gerbers Namens
Demetrius Torfalis eingeschlossen. Nach meilenweitem Marsch trafen
die Berichterstatter endlich einen Wagen an, mit dem sie fahren
konnten. Bald darauf wurden sie von einem irischen Korrespondenten
eingeholt, der auf einem ungesattelten Pferde angaloppirt kam und
ihnen zurief, daß die Türken hinter ihnen her seien. Nach seiner
Mittheilung sollten sie zwei schwedische Berichterstatter getödtet
haben. Die Flüchtigen peitschten auf die Pferde ein und erreichten
glücklich Veleftino.

Dem Kronprinz gelang es schließlich, 4000 Mann zu sam=
meln, mit denen er nach Pharsala marschirte, wohin auch Oberst
Smolenski, der bei Reveni stand, beordert wurde. Viele griechische
Soldaten flohen sogar bis Volo. Auch die Türken merkten, daß die
Demoralisation unter den Griechen bereits groß geworden war, wie
aus einer Depesche hervorging, welche Kapitän Osman Bey, der
Adjutant Edhem Paschas, an das Kriegsministerium richtete. In
demselben theilte er mit, daß am 24. dem Feinde durch die Division
Reschat Pascha stark zugesetzt wurde und derselbe bereits demoralisirt
sei. Nach einem schwachen Widerstande vor Levaski habe er sich
zurückgezogen und nicht einmal in Turnavos festen Fuß fassen
können, so daß die Divisionen Reschat Pascha und Hamdi Pascha
diese Stadt hätten besetzen können, wo nur einige alte Leute zurück=
geblieben waren. Sämmtliche Häuser und Kaufläden enthielten ihre
ganze Einrichtung und alle Waaren, woraus man schließen konnte,
daß die von der Panik ergriffenen Bewohner in aller Eile sich ge=
flüchtet hatten.

Außer Einrichtungsgegenständen und Waaren fiel eine große
Anzahl von Kanonen und Gewehren sowie eine große Menge
Munition, Proviant und Kleider in die Hände der türkischen
Truppen. Die zu Gefangenen gemachten Griechen wurden gruppen=
weise nach Elassona abgeführt.

7. Innere Verhältnisse in Griechenland infolge der Niederlagen.

Inzwischen schien sich in Athen die Sache immer mehr zu=
zuspitzen, denn am 27. April nachmittags 3 Uhr wurde dort die

Kammer zu einer außerordentlichen Sitzung zusammenberufen. Außerdem wurden an diesem Tage mehrere Führer der Opposition eilig in das Palais befohlen. Die Opposition, an deren Spitze der frühere Minister und Deputirte Ralli stand, beherrschte also schon so sehr die Situation, daß der König mit derselben in Unterhandlung eintreten mußte, um das Schlimmste abzuwenden. Außerdem wuchs die Erregung der Bevölkerung in Athen über das Aufgeben Larissas ohne Kampf fortwährend. Besonders Ralli, eine Art griechischer Gambetta, schürte und agitirte fortwährend. Er war soeben von Thessalien zurückgekehrt, wo er, wohl in angemessener Entfernung, den letzten Kämpfen beigewohnt hatte, jedoch fällte er ein vernichtendes Urtheil über die griechische Kriegsführung. Die Regierung wollte anfangs, um die Volksaufregung einigermaßen zu beschwichtigen, den Kronprinzen mit seinem Generalstab abberufen. Sie begnügte sich jedoch dann damit, den Obersten Smolenski mit der eigentlichen Heeresleitung zu betrauen und den Kronprinzen in Thessalien zu lassen, aber ohne Einfluß auf den Generalstab, da man in Athen behauptete, daß der Kronprinz den ganz unmotivirten Rückzug der Griechen veranlaßt hätte. Die Erbitterung der Enttäuschung nach so viel Dünkel und Phrase steigerte sich auch gegen den König, da man sagte, dieser habe durch den Kronprinzen dem Generalstabe Befehle ertheilt. Da die griechische Hauptstadt von allen Truppen entblößt war, ja sogar die Gendarmerie und Polizei zum größten Theil nach dem Kriegsschauplatze abgesandt wurde, so war der König der Opposition geradezu auf Gnade und Ungnade ausgeliefert — eine Situation, über die man sich rechtzeitig hätte klar werden sollen.

Am 27. April nahm die Volksbewegung in Athen immer größere Dimensionen an, und dies um so mehr, als die Republikaner beabsichtigten, die herrschende Aufregung zum Sturze der Dynastie zu benutzen. Abends erbrachen Volkshaufen bereits die Waffenläden, nahmen Gewehre und Revolver an sich und zogen dann nach dem Hause Rallis, wo mehrere dort anwesende Deputirte die Menge durch Ansprachen zu beruhigen suchten. Gleichzeitig sammelte sich eine große Menschenmenge auf dem Konstitutionsplatze an, die eine sehr bedrohliche Haltung annahm. Unterdessen berieth im Palaste der König mit den zu ihm berufenen Führern der Opposition und entschloß sich auf Veranlassung derselben, sofort die Kammer einzuberufen. In der Sitzung sollte zunächst über das Schicksal des

Ministeriums Delyannis entschieden werden. Der Sturz dieses Ministeriums galt so gut wie sicher, es fragte sich nur, ob die aufgeregte Volksleidenschaft sich damit beruhigte und ob nicht der Ausbruch einer wirklichen Revolution den König, ja die ganze Dynastie bedrohte. Viele hielten die Abdankung des Königs zu Gunsten seines zweiten Sohnes Georg für wahrscheinlich.

Inzwischen war am Abend des 27. April die Ruhe in der Stadt wieder größer geworden, man hielt die Bildung eines Kabinets Ralli für den Fall einer Krise für sehr wahrscheinlich. Die Kaufleute in der Hermesstraße organisirten eine Art Wachdienst für ihre Läden. Die der Opposition angehörenden Deputirten erließen folgenden Aufruf: „Mitbürger! Während der kritischen Augenblicke, die das Vaterland durchmacht, ist die Einberufung der Kammer für nothwendig erachtet worden. Die Opposition hält es für ihre Pflicht, an alle Bürger die Aufforderung und Bitte zu richten, daß jeder nach Maßgabe seiner Kräfte zur Aufrechterhaltung der Ordnung beitrage, die nicht nur für die Sicherheit unumgänglich nöthig ist, sondern auch ein unentbehrliches Element der Wahrung der Ehre und der Rechte der Nation bildet. Vergessen wir nicht, daß der Feind den Boden des Vaterlandes betreten hat und daß unser Heer ihm gegenübersteht. In einem solchen Augenblicke würde ein Jeder, der die Ordnung zu stören versuchte, ganz einfach ein Verbündeter der Türken sein." Der Aufruf war von allen in Athen befindlichen oppositionellen Deputirten unterzeichnet. Den in der Provinz weilenden Deputirten wurde ein Nachtzug zur Verfügung gestellt, damit sie sich zu der Kammersitzung am 28. April in der Hauptstadt einfinden konnten.

An demselben Tage traten in Athen die Vertreter der Mächte zu einer Besprechung der kritischen Lage bei dem Doyen des diplomatischen Korps, dem russischen Gesandten, zusammen und kamen dahin überein, im Falle des Ausbruchs eines Aufstandes den König dadurch zu sichern, daß sie sich in das Palais begeben wollten. Der griechische Minister des Aeußern erklärte darauf, daß ihm die Lage des Königs nicht ernstlich gefährdet erscheine; allerdings seien kaum 300 Polizeisoldaten zum Schutze vorhanden. Zum Schutze der königlichen Familie wurde ein österreichisches Kriegsschiff und der deutsche Kreuzer S. M. „Kaiserin Augusta" nach Phaleron beordert, während die übrigen Kriegsmächte dort schon durch je ein Kriegsschiff vertreten waren. Auch in England äußerte die Königin bei einem Ministerrath, welcher in London am 27. April abgehalten wurde, sie habe den dringenden Wunsch, daß dem König Georg Hülfe gebracht werde.

Wenn die griechische Bevölkerung lediglich den Kronprinzen Konstantin für die Mißerfolge verantwortlich machte, so that sie diesem jedenfalls Unrecht. Man kann die Niederlage und den Rück= zug der griechischen Armee vor der Annahme einer eigentlichen Schlacht eher darauf zurückführen, daß, nachdem die sechstägigen Kämpfe vom 17. bis 22. April im Grenzgebirge die griechischen Truppen stark erschöpft und desorganisirt hatten, die Führer diese nicht mehr für fähig hielten, eine offene Feldschlacht anzunehmen, und um so weniger, da in dem unwegsamen, steilen Gebirge noch alle Vortheile auf Seite der numerisch schwächeren Griechen sich befunden hatten und diese nach der Eroberung der Hauptpässe durch die Türken kaum mehr hoffen konnten, im offenen Felde sich gegen die türkische Uebermacht zu behaupten. Nur durch die schlechte moralische Verfassung der Truppen war es erklärlich, daß in dem am 23. April in Larissa abgehaltenen Kriegsrathe des Generalstabes der Rückzug bis nach Pharsala beschlossen und Larissa mit seinen Vorräthen in den Magazinen und Depots, ja den schweren Feldgeschützen den Türken preisgegeben wurde. Daß dann der Rückzug nach und nach zu einer panikartigen Flucht wurde, ist der beste Beweis, in welchem demoralisirten Zustande sich die griechischen Truppen befunden haben müssen, von denen etwa 10 000 Mann noch am 28. April vermißt wurden, die sich ohne Zweifel in den Bergen zerstreut hatten. Es ist auch bekannt, daß die griechischen Truppen mehr für den Ge= birgskrieg als für die Schlacht im offenen Felde ausgebildet sind und daß sie, nach der Natur der griechischen Verhältnisse, schwach in der Disziplin und demgemäß beim ersten Rückschlag nicht mehr in der Hand ihrer Führer sind.

Was die weiteren Ereignisse auf dem Kriegsschauplatze an= betrifft, so erließ Edhem Pascha am 27. April eine Proklamation, um die griechische Bevölkerung, welche Larissa und die umliegenden Ortschaften verlassen hatte, zum Zurückkehren zu bewegen, trotzdem das mohammedanische Stadtviertel von Larissa theilweise nieder= gebrannt war. Die türkische Kavallerie rekognoszirte an diesem Tage gegen Volo und Pharsala. Auch auf dem epirotischen Kriegs= schauplatze hatten die Türken weitere Erfolge zu verzeichnen. Luros wurde von ihnen am 27. April wiedererobert. Die griechischen

Truppen hielten nur noch einige Punkte in der Ebene von Kampos und Potamia besetzt. Eine vom Norden des Bereichs des 3. Korps über Monastir nach Janina abgesandte Truppenverstärkung vereinigte sich mit einigen Bataillonen der ersten epirotischen Division, so daß deren Stärke nunmehr 15 Bataillone betrug, und rückte nach Süden vor. Zur See liefen an diesem Tage das Thurmschiff „Orkhania", die Korvette „Nedschem i Schefket", der Thurmmonitor „Hifzi Rahman", drei Torpedoboote nach den Dardanellen aus. Der Rest des Geschwaders stand unter Dampf.

Da sich die Verhältnisse inzwischen sehr zu Gunsten der Türken gewendet hatten, so daß man schon an eine baldige Beendigung des Krieges dachte, erhielt Ghazi Osman Pascha, der bekanntlich zum Oberstkommandirenden ernannt worden war, den Befehl, nicht nach Epirus zu gehen, sondern nach Konstantinopel zurückzukehren. Daß man im Yilbiz-Kiosk thatsächlich der Ansicht war, daß die Hauptaktion gegen Griechenland bereits nahezu beendigt sei, ging aus der Thatsache hervor, daß die Pforte mit Rücksicht auf die günstige Wendung des Krieges und die Aussicht auf baldige Beendigung desselben auf Entsendung der angebotenen Abordnung des Centralkomitees der deutschen Vereine vom Rothen Kreuz unter erneutem Ausbruck ihres Dankes für jetzt verzichtete. Die Expedition, welche am 29. April mit dem Orient-Expreßzuge von Wien abgehen und am 1. Mai in Konstantinopel eintreffen sollte, wurde infolgedessen nicht abgeschickt. Jedoch ging am 28. abends der Hauptmann Morgen vom Grenadier-Regiment Nr. 12 aus Frankfurt a. O. nach dem türkisch-griechischen Kriegsschauplatze ab. Derselbe wurde zum Militärattaché bei der deutschen Botschaft in Konstantinopel ernannt und begab sich auf speziellen Wunsch Seiner Majestät des Kaisers und mit Genehmigung des Sultans nach dem Kriegsschauplatz. Derselbe reiste über Wien, Pest, Nisch und Uesküb nach Saloniki und wollte sich von dort nach Koraferia begeben, das etwa 100 km von Larissa entfernt ist, wohin inzwischen das türkische Hauptquartier übergesiedelt war. Am 4. Mai morgens traf Hauptmann Morgen in Saloniki ein und begab sich sofort ins türkische Hauptquartier.

8. Weitere Ereigniſſe auf dem Kriegsſchauplatze und weitere Geſtaltung der Lage in Athen.

Indeſſen war vorläufig doch noch nicht an eine Beendigung des Krieges zu denken, denn am 27. April ſtießen die Türken, welche im weiteren Vormarſch begriffen waren, bei Veleſtinos zwiſchen Lariſſa und Volo mit den Griechen zuſammen, wurden aber dort mit Verluſten zurückgeſchlagen, doch handelte es ſich dabei nur um unbedeutende Scharmützel. Am 27. April früh nämlich hatte die Kavallerie-Brigade Suleiman Paſcha (13. und 14. Regiment mit 8 Schwadronen, zuſammen 500 Reiter, und 1 reitenden Batterie) Lariſſa verlaſſen, mit dem Auftrage, Volo zu beſetzen. Ein Redif-Regiment (Bruſſa) folgte nach. In allen Ortſchaften, welche paſſirt wurden — es war merkwürdigerweiſe bis dahin keine einzige Schwadron zur Aufklärung vorausgeſchickt worden, trotzdem Lariſſa ſchon am 25. April mittags beſetzt wurde —, kam die griechiſche Bevölkerung, welche nicht geflohen war, den türkiſchen Truppen mit weißen Fahnen entgegen und bat um Schutz mit den Verſicherungen aufrichtiger Unterwerfung. Um 6 Uhr abends paſſirte die Kavallerie-Brigade Rizomylon und wendete ſich gegen Veleſtinos, um die Pferde, welche ſeit faſt 24 Stunden kein Waſſer bekommen hatten, zu tränken. Vor Veleſtinos angekommen, debouchirten plötzlich vier griechiſche Bataillone aus dem Orte, wodurch die Kavallerie-Brigade überraſcht wurde, da ſie verabſäumt hatte, zur Unterhaltung des reglementsmäßigen Sicherungsdienſtes Patrouillen auszuſchicken (!). Zwei zur Unterſtützung der Avantgarde vorausgeſandte Schwadronen wurden zurückgetrieben, und eine Viertelſtunde ſpäter erhielt die Kavallerie-Brigade Infanteriefeuer von vorn (Straße nach Volo) und von links (Pilaf-Tepe). Die türkiſche reitende Batterie erwiderte das Feuer von zwei fahrenden und einer Gebirgs-Batterie, ſo gut ſie es in ihrer ungünſtigen Stellung vermochte. Die griechiſchen Batterien ſchoſſen ziemlich gut, ſchon die erſten Schüſſe fielen zwiſchen den Protzen und Geſchützen nieder, doch explodirte keine einzige Granate. Die türkiſche Batterie war bald gezwungen, nach drei Seiten Front zu machen. Da nun inzwiſchen die Dunkelheit angebrochen war und der linke feindliche Flügel gegen Rizomylon vorging, um den türkiſchen Reitern den Rückzug abzuſchneiden, ſo war es höchſte Zeit, die Batterie eiligſt zurückgehen zu laſſen, wenn man die Geſchütze retten wollte; denn es stand nur eine Brücke zum Rückzuge offen, und außerdem lag im Rücken der Karla = See. Zu diesem Zwecke ging das 13. Re= giment nochmals gegen die feindliche Mitte, Suleiman Pascha gegen den linken Flügel vor. Mittlerweile paſſirte die Batterie im Galopp die Brücke, und hierauf ging das 13. und ſchließlich das 14. Regiment im Schritt zurück. Die Kavallerie focht nach Tſcher= keſſenart, d. h. vom Sattel feuernd, was natürlich wenig oder gar keinen Erfolg hatte. Die türkiſchen Reiter zeigten bei dieſem Rück= zuge trotz der verzweifelten Lage eine hervorragende Tapferkeit. Nach Paſſirung des Dorfes ſetzte ſich die Brigade erſt in Trab und ging bis öſtlich von Gerli zurück, wo ſie das Redif=Regiment (Bruſſa) traf. Das Regiment warf noch in der Nacht vom 27. zum 28. ein Befeſtigungswerk auf, hinter welchem die türkiſchen Truppen, Hunger und Durſt leidend, lagerten. Am 28. April kamen das Redif=Re= giment Jsmidt und eine fahrende Batterie als Verſtärkung, am 29. der Oberſt des Generalſtabes Mahmud Bey, der die intellektuelle Leitung des Angriffes am 29. und 30. übernahm. Oberſt Mahmud operirte geſchickt und ſchneidig, der Gegner hatte ſich aber mittler= weile — da ihm die Eiſenbahnlinie Pharſala—Volo immer noch zur Verfügung ſtand — auf wenigſtens acht Bataillone verſtärkt und warf am 30. mittags den türkiſchen rechten Flügel, trotzdem die Truppen mit großer Bravour vorgingen, zurück, worauf um 4 Uhr auch der linke Flügel (Pilaf=Tepe und Rizomylon) zurück= gezogen werden mußte. Mittlerweile waren auf türkiſcher Seite 10 Bataillone und 2 Batterien Verſtärkungen eingetroffen, doch wurde beſchloſſen, den Angriff erſt zu erneuern, wenn Pharſala gefallen wäre.

Inzwiſchen wurde am 28. April von Murabli aus der zwanzigſte türkiſche Militärzug an die Grenze befördert. Der Transport der 7. Redif=Diviſion war beendet, von der 6. Diviſion waren bisher fünf Bataillone abgeſchickt. Die Truppenſendungen vom 2. Korps (Adrianopel) nach Monaſtir ſollten auf 16 Bataillone erhöht werden, ſieben Militärzüge waren bereits expedirt. Von Konſtantinopel aus dauerten die Sendungen von Kriegsmaterial nach Saloniki und Monaſtir fort. Man war in Konſtantinopel ſehr erſtaunt über die Unthätigkeit der griechiſchen Flotte.

Trotzdem nun in Athen, wie wir geſehen haben, am Abend des 27. April die Stimmung eine etwas ruhigere geworden war, ſo hielt man doch in dortigen Hofkreiſen die Lage noch immer für eine bedenkliche, was auch dadurch bestätigt wurde, daß auf der Yacht „Sphalteria", welche bereit stand, um eventuell die königliche Familie aufzunehmen, am 1. Mai ein großes Leck entdeckt wurde, um dieselbe zum Sinken zu bringen. Ebenso wurde in Athen die griechische Kronprinzessin, als sie am 1. Mai vom Ambulanzhospital zurückkehren wollte, vom Pöbel mit so feindlichen Zurufen verfolgt, daß sie in das Hospital zurückflüchten mußte. Ein Wagen wurde abgeschickt und die Kronprinzessin in Karriere nach dem Palast zurückgefahren. Damit die Insassen nicht erkannt würden, wurde von allen Wagen das königliche Wappen entfernt.

Aus diesen Gründen wurde in Dänemark ein dem König Georg gehörendes Gut in der Nähe Kopenhagens in Stand gesetzt (bekanntlich stammt der König von Griechenland aus Dänemark). — Die Kammer, welche am 27. zu einer Sitzung zusammentreten sollte, um zur Regierungsfrage Stellung zu nehmen, mußte wieder unverrichteter Sache auseinander gehen, da die ministeriellen Abgeordneten sich nicht eingestellt hatten, und die Kammer daher nicht beschlußfähig war. Ohne Zweifel wollten die ministeriellen Abgeordneten durch ihre Abwesenheit ein der Regierung ungünstiges Votum verhindern, um so mehr, da Delyannis selbst durchaus nicht geneigt war, ohne Weiteres zurückzutreten. Nachdem die Kammersitzung nicht zustande gekommen war, sandte die Opposition eine Abordnung an den König, um sich über das Ausbleiben der ministeriellen Deputirten zu beschweren. Der König hatte infolgedessen abends eine Unterredung mit dem Ministerpräsidenten, während die Deputirten der Opposition eine längere Berathung abhielten, aber, ohne einen bestimmten Beschluß zu fassen, auseinandergingen.

Auf dem Kriegsschauplatze war am 29. April morgens Volo fast ganz geräumt, Frauen und Kinder waren in großer Zahl eingeschifft worden, und die Konsulate hatten ihre Flaggen gehißt. Im Hafen von Volo befanden sich ein italienisches und ein englisches Panzerschiff. Seitens der Türkei wurde gegen Volo Kavallerie in genügender Anzahl zur Aufklärung entsendet.

In Trikala flüchteten die Griechen ebenfalls und ließen in Bagaslar zwei Festungsgeschütze zurück, welche nach Larissa gebracht wurden. Edhem Pascha meldete unter dem 28. April an den Kriegsminister, daß die 1. Division gegen Trikala marschire und Zarkos besetze. Aus Epirus wurde berichtet, daß die 1. türkische Brigade am 24. April nach siebenstündigem Kampfe bei Kubozaki

den Feind mit einem Verluste von 20 Todten und vielen Verwun=
deten geschlagen und zum Rückzuge gezwungen hatte. Das Tele=
gramm besagte ferner, daß die Brücke bei Plaka sowie ein griechisches
Blockhaus erobert wurden. Auf türkischer Seite wurden nur 1 Offi=
zier und 32 Mann verwundet. Gleichzeitig wurde in dem Berichte
der weitere Vormarsch nach der Küste angekündigt.

In Athen war unterdessen am 28. April die Kammer zu einer neuen
Sitzung zusammengetreten, in welcher sich jedoch wieder die Beschluß=
unfähigkeit des Hauses ergab, wodurch lebhafte Aeußerungen der
Enttäuschung in der etwa 10 000 Köpfe starken Menge hervor=
gerufen wurden, welche sich um das Parlamentsgebäude zusammen=
geschaart hatte. Mitglieder der Opposition nannten die Namen
mehrerer ministerieller Deputirten, welche gegenwärtig in Athen
weilten, aber gleichwohl der Sitzung ferngeblieben waren. Der
Deputirte Valetta erging sich beim Verlassen der Kammer in
scharfen Tadelsworten über die Fahnenflucht der Deputirten und
der Regierung und forderte das Land auf, zur Opposition Ver=
trauen zu haben. Die Menge zollte ihm Beifall. Bald darauf
erschien Ralli, den die Menge bis in seine Wohnung begleitete,
wo man eine Sympathiekundgebung veranstaltete. Ralli erschien
auf dem Balkon und richtete an die Volksmenge eine Ansprache, in
welcher er ausführte, daß das Ministerium durch seine Fahnenflucht
Selbstmord begangen habe, worauf erneute Beifallsrufe folgten.
Der Ministerpräsident Delyannis behauptete demgegenüber, die
Kammer sei am 28. April nicht beschlußfähig gewesen, weil die
oppositionellen Deputirten gefehlt hätten. Die Majorität hoffe, das
Haus werde am 29. April beschlußfähig sein, und dann werde das
Ministerium sich den Beschlüssen der Kammer unterwerfen. Das
Ministerium könne den Platz nicht verlassen, auf den die Nation
es gestellt habe. Es erkenne nicht an, daß es während der kritischen
Tage, welche Griechenland jetzt durchlebe, in irgend einer Weise
seinen Pflichten nicht genügt hätte. Das Ministerium habe nicht
seine Entlassung eingereicht. Nur wenn ihm das Vertrauen
der Kammer oder der Krone fehle, werde es zurücktreten. Am
29. April begaben sich die Führer der Opposition, mit Voll=
machten versehen, vom Palais nach der Kammer, wo eine Versamm=
lung der Mitglieder der Opposition abgehalten wurde, die Führer
der Opposition entwarfen eine Ministerliste, welche drei derselben
alsdann dem König unterbreiteten. Da Delyannis sich weigerte,

seine Entlassung zu nehmen, glaubte man, er würde entlassen werden. In seiner Unterredung mit den Führern der Opposition stellte der König als einzige Bedingung, daß Theotokis dem Kabinet angehören müsse. Daß dem König Georg die Entschlüsse, zu welchen er getrieben wurde, nicht leicht waren, ist aus der Mittheilung zu ersehen, daß der König an Herzkrämpfen litt, und sein Leibarzt ihm dringend rieth, nach Korfu oder der Insel Syra überzusiedeln.

Vom Kriegsschauplatze lief inzwischen die Nachricht ein, daß die gegen Pharsala vorrückenden türkischen Truppen wieder zum Angriff geschritten waren. Bei Alivali, etwa 20 km östlich von Pharsala, kam es am 29. April gegen 6 Uhr abends zu einem Gefecht zwischen einem türkischen Korps und der Brigade Smolenski. Außerdem rückten die türkischen Vortruppen von allen Seiten in der thessalischen Ebene vor. Die Vortruppen beider Heere standen sich an mehreren Punkten direkt gegenüber. Der Kampf in der Ebene von Pharsala war unmittelbar zu erwarten. In der Richtung von Trikala standen griechischerseits 2 Bataillone Infanterie, mehrere Batterien Artillerie und 1 Schwadron Kavallerie. Der Kronprinz besuchte mehrere Lagerplätze. An demselben Tage kehrte der frühere Generalstab nach Athen zurück. Ferner gab die griechische Regierung den Gesandten Frankreichs und Englands die Versicherung, daß Saloniki von der griechischen Flotte nicht bombardirt werden sollte.

Selbst in Griechenland bewunderte man die musterhafte Ordnung, welche überall im türkischen Lager herrschte. Die allgemeine Ueberzeugung war, daß die Türken als Träger der Civilisation nach Larissa kamen angesichts der schrecklichen Vorgänge der letzten drei Tage der griechischen Herrschaft. Die Stadt Larissa war während dieser drei Tage schutzlos den Ausschreitungen wilder Horden, bestehend aus griechischen Deserteuren, befreiten Sträflingen und Mitgliedern der revolutionären Hetairia, preisgegeben. Diese plünderten die Häuser, kämpften mit den Einwohnern und mißhandelten deren Weiber. Der türkische Kommandant von Larissa, Mustapha Bey, ließ gleich nach seiner Ankunft in Larissa die Keller der Bank, welche Geld und Geldeswerth enthielten, in Gegenwart eines Komitees mohammedanischer Bürger versiegeln und das Gebäude der Bank durch Truppen bewachen. Ein englischer Freiwilliger, welcher in den letzten Kämpfen verwundet worden war, äußerte sich in Athen dem Korrespondenten eines Londoner Blattes gegenüber in prägnanter Weise über die wilde Flucht der Griechen.

Auf meilenweit rundum sei das Dunkel der Nacht von dem Auf=
blitzen der Schüsse durchleuchtet gewesen, welche die Fliehenden in
wirrem Durcheinander stundenlang aufeinander abgaben. Durch
Peitschenhiebe wildgewordene Pferde bäumten sich, rasten davon und
warfen die Wagen um, welche die Insassen unter sich begruben.
Ueberall war der Boden mit Todten, Verwundeten und preis=
gegebenen Habseligkeiten wie besät. Hülflose Männer und jammernde
Weiber überall, über welche von Verzweiflung getriebene Fliehende,
wie wilde Horden, achtlos Alles vor sich niedertretend, durch die
Nacht dahinrasten.

Zu Konstantinopel wurde am 30. April eine Depesche Edhem
Paschas an den Kriegsminister durch amtliche Kundgebung veröffent=
licht, nach welcher die 1. Devision Hairi Paschas am 28. April
nachmittags Trikala besetzt habe. Vor diesem Orte wurden die
Türken von freigelassenen Sträflingen beschossen, ohne jedoch Verluste
zu erleiden. Die Einwohner der Dörfer sowie Trikalas, welche
geflüchtet waren, kehrten infolge der Proklamation Edhem Paschas
zurück. Von den Griechen waren Waffen an die Bevölkerung Tri=
kalas und Umgebung vertheilt, außerdem das Militärdepot geplündert
worden. Deshalb wurde der Befehl ertheilt, das Kriegsmaterial
binnen 24 Stunden zurückzustellen, widrigenfalls strenge Strafen
verhängt werden sollten, auch der geraubte Proviant mußte zurück=
erstattet werden.

An demselben Tage berichtete der Kommandant der 1. Division
des türkischen Armeekorps in Epirus, Ferik Osman Pascha, daß
die Griechen von den Höhen, welche die Umgebung von Pentepighabia
beherrschen, durch fünf Bataillone unter Mustapha Pascha, dem
Kommandanten der 4. Brigade, vertrieben wurden. Die Türken
besetzten hierauf diese Stellungen. Der Verlauf dieses Gefechtes
bei Pentepighabia war etwa folgender: Eine türkische Infanterie=
abtheilung in der Gesammtstärke von 4000 Mann und einigen
Geschützen hatte mehrere Male versucht, einen Hügelkamm zu er=
stürmen, der von 600 Evzonen und 400 Mann anderer griechischer
Truppen mit zwei Geschützen vertheidigt wurde, während weitere
600 Evzonen mit zwei Geschützen die mittlere Höhe besetzt hielten.
Es war augenscheinlich, daß die griechische Besatzung des Kammes
dringend der Verstärkung bedurfte, da die türkischen Angriffe mit
großer Entschlossenheit ausgeführt wurden. Die Absendung von
Verstärkung wäre auch überaus leicht gewesen, da die Griechen

zwischen Hanopulo und ihrer vorgeschobenen Stellung über 6500 Mann und 30 Geschütze verfügten. Auffallenderweise trafen keine Ver= stärkungen vorn ein, und die Türken erneuerten daher am 23. April ihr Schützenfeuer, das den ganzen Vormittag über anhielt. Am Nachmittag nahm das Feuer noch an Stärke zu, und es war klar, daß die Türken einen energischen Angriff vorbereiteten. Aus nicht auf= geklärten Gründen hatten inzwischen die griechischen Geschütze auf dem Kamm das Feuer eingestellt, und als plötzlich um 3 Uhr 30 Minuten die Türken ein heftiges Infanterie=Schnellfeuer eröffneten und ihre Kolonnen vor dem griechischen rechten Flügel zu einem Sturmangriff zusammenzogen, schwiegen auch die griechischen Geschütze auf der mittleren Höhe und fuhren 20 Minuten später ab, um so rasch wie möglich auf Hanopulo zurückzugehen. Die Evzonen auf dem Hügelkamme erwiderten tapfer das mörderische Feuer der Angreifer und hielten selbst gegen eine zehnfache Uebermacht bis 5 Uhr Stand bei einem Verlust von 100 Mann, wurden dann aber unter lautem Geschrei und dem Klang der Signalhörner, mit dem fortgesetzten Knallen der Gewehre untermischt, den Hang hinuntergeworfen. Auch dann noch unterhielten sie ein Schützenfeuer auf die verfol= genden Türken, doch diese hatten inzwischen den Kamm besetzt und überschütteten nunmehr auch die griechische Stellung auf der mitt= leren Höhe mit ihrem vernichtenden Feuer. Nun war Alles bald zu Ende, der Befehl zum allgemeinen Rückzug wurde gegeben, und schon um 5 Uhr 15 Minuten waren alle Stellungen verlassen, und die Türken verfolgten die sich zurückziehenden Evzonen auf Hanopulo zu. Die griechischen Offiziere waren vergeblich bemüht, der unauf= haltsamen Rückzugbewegung der Massen Einhalt zu thun. Die Truppen drängten auf die Brücke zu, wo sie bei ihrer Annäherung die Straßen durch Tausende von Schafen und die bäuerliche Be= völkerung der Gegend total versperrt fanden, so rasch hatte sich die Panik verbreitet. In Hanopulo schlossen sich dem Rückzuge noch die schon erwähnten 6500 Mann und 30 Geschütze an, so daß das Durcheinander noch größer wurde. Nach diesem Rückzuge standen sämmtliche griechischen Truppen wieder in den alten Stellungen, die sie vor der Kriegserklärung eingenommen hatten. Das türkische Gebiet war fast vollständig geräumt.

Ferner theilte der Vali von Saloniki an den Großvezier mit, daß der Rest der aus regulären Soldaten zusammengesetzten Bande, welche bei Pravista auf türkisches Gebiet eingedrungen war, voll=

ſtändig aufgerieben worden ſei. Zehn Mitglieder der Bande wurden gefangen genommen.

Schließlich wurde noch aus dem türkiſchen Hauptquartier in Lariſſa am 29. April gemeldet, die Diviſion Membuh Paſcha ſei über Karbitſa nach Pharſala und die Kavallerie=Diviſion ſowie die Infanterie=Brigade Haſſan Paſcha nach Volo vorgegangen.

Edhem Paſcha ſelbſt traf am 29. April früh mit ſeinem Stabe in Lariſſa ein und wurde von der mohammedaniſchen Bevölkerung mit tiefer Ehrerbietung empfangen, er nahm in demſelben Hauſe Quartier, in dem der Kronprinz von Griechenland gewohnt hatte. Sein Generalſtabschef Seyfullah Bey wurde wegen ſeiner aus= gezeichneten Dienſte im Felde zum Paſcha ernannt.

9. Sturz des Miniſteriums Delyannis.

In Athen hatten ſich inzwiſchen die Verhältniſſe ſo zugeſpitzt, daß am 30. April mittags der Sturz des bisherigen Miniſteriums eintrat. Das neue Miniſterium war in folgender Weiſe zuſammen= geſetzt: Ralli Vorſitz und Marine, Theotokis Inneres, Stulubis Aeußeres, Eutaxias Unterricht, Triantaphilakos Juſtiz, Simo= pulos Finanzen, Oberſt Tamados Krieg. Die Miniſter leiſteten am 1. Mai den Eid. Das Programm des neuen Miniſteriums war die Rekonſtruirung der Armee, ſein Endzweck ein ehrenvoller Friede, wenn auch vorläufig weder eine Anrufung der Intervention der Mächte noch ein Waffenſtillſtand angeſtrebt wurden. Daraus ſchien hervorzugehen, daß man den Plan, einen Kampf aufs Meſſer zu führen, in Athen bereits aufgegeben hatte, und daß Ralli, ohne Zweifel in der Ueberzeugung, daß die Fortſetzung des Krieges die Lage für Griechenland nur noch verſchlimmern konnte, jetzt auf Auswege ſann, eine friedliche Politik einzuleiten, ohne den Nationalſtolz ſeiner Landsleute allzu ſehr zu verletzen.

Trotzdem alſo Ralli vor ſeinem Regierungsantritt nach der allgemeinen griechiſchen Manier den Mund recht voll nahm und den Kampf aufs Meſſer predigte, war er jetzt, wo er ans Ruder gelangt war, bedeutend kühler und vernünftiger geworden und neigte, den Verhältniſſen Rechnung tragend, einer maßvollen Politik zu. Der neue Miniſterpräſident, welcher erſt ſelbſt ſich in das griechiſche Lager nach Pharſala begeben wollte, begnügte ſich jetzt damit, den

Minister des Innern in Begleitung des Kriegsministers dorthin zu senden, um sich von dem Zustande der Armee zu überzeugen. Ralli erklärte einem Korrespondenten gegenüber, daß es vor Allem Pflicht sei, die Armee zu rekonstituiren, um, wenn es nöthig sei, den Kampf fortzusetzen und im Falle einer diplomatischen Intervention sich nicht in der ungünstigeren Lage zu befinden. Zum Schluß fügte der Ministerpräsident hinzu, daß er von einer Intervention der Mächte noch keinerlei Kenntniß habe; allein der Umstand, daß er einerseits die Möglichkeit einer Intervention der Mächte zugab, ja für diesen Fall schon seine Vorbereitungen traf, und daß er anderer- seits schon seinem Zweifel darüber Ausdruck gab, ob die Fortsetzung des Kampfes nöthig sei, zeigte zur Genüge, was für eine merk- würdige Wirkung so ein Ministerportefeuille ausüben und wie ein solches über Nacht aus einem racheschnaubenden Kriegshelden einen ruhigen, überlegenden Diplomaten machen konnte!

Es überraschte daher durchaus nicht, daß aus Rom die Meldung kam, man glaubte in dortigen diplomatischen Kreisen, daß Griechen- lang den Schritt, der von den Mächten als Vorbedingung für ihre Intervention angesehen würde, demnächst unternehmen und sich an die Mächte mit der Bitte um ein Dazwischentreten wenden würde. Man wäre ferner überzeugt, daß die erste Forderung, welche die Mächte ihrerseits bei der Uebernahme dieser Mission an das Athener Kabinet stellen würden, die unmittelbare Rückberufung der griechischen Truppen von Kreta zum Gegenstand hätte. Auch in London war man der Ansicht, daß Griechenland sich jetzt nachgiebiger zeigen würde und daß bis dahin vertrauliche Vorstellungen Englands, Frankreichs und Italiens Griechenland dazu bestimmen würden, die Vermittelung des europäischen Konzerts anzurufen.

Was das Zurückweichen der griechischen Truppen anbetraf, so traten in Epirus die Truppen den Rückzug schon am 30. April an und gingen gegen die Grenze zurück. Damit gaben sie einen Theil des bisher von ihnen besetzten Gebietes auf, namentlich Philippiada, das nunmehr die Türken besetzten. Salagura blieb noch in den Händen der Griechen. Man glaubte, daß auch der Rückzug von Kreta höchst wahrscheinlich bald erfolgen würde, da schon am 29. April Delyannis erklärt hatte, der König sei mit ihm über die Noth- wendigkeit der Abberufung des Obersten Vassos einig gewesen.

So deuteten alle Anzeichen auf Frieden, wenn auch gleichzeitig mit der Meldung über den völligen Rückzug der Griechen aus Epirus

aus Athen und Pharsala Nachrichten über ein bedeutendes Gefecht
bei Velestinos ankamen, bei dem die Türken angeblich mit großen
Verlusten zurückgeschlagen wurden; die Griechen schienen die An=
rufung der Intervention der Mächte mit einem „Siege" einleiten
zu wollen.

Daß dieser Sieg aber doch nicht ein so vollkommener gewesen
war, ging aus einer Konstantinopeler Depesche hervor, nach welcher
die Türken bei Velestinos drei Befestigungen sowie viele Schützen=
gräben nahmen, und daß die Griechen sich in eine Stellung bei
einem westlich von Velestinos gelegenen Dorf zurückzogen, welches
von einem Redif=Bataillon besetzt wurde. Was die Hauptstellung
des griechischen Heeres bei Pharsala anbetraf, so stand die Armee
seit dem 30. April kampfbereit in derselben, die Stadt Pharsala
selbst war in Anbetracht eines voraussichtlichen feindlichen Sturmes
geräumt worden. Die griechischen Truppen scheinen also auf den
Gebirgsabhängen Stellung genommen zu haben, um hier den An=
griff des von Larissa und Trikala anrückenden Feindes zu erwarten.

Vor seiner Abreise nach dem Lager von Pharsala legte der
Kriegsminister Tamados dem Könige noch ein Dekret zur Unter=
zeichnung vor, durch welches der bisherige Generalstabschef Sa=
pundzaki abberufen und Oberstlieutenant Ralli zum provisorischen
Chef des Generalstabs ernannt wurde. Das bisherige Kabinet hatte
trotz seiner bezüglichen Zusicherungen Sapundzaki nicht abberufen,
da der Kronprinz erklärt hatte, er würde sich durch diese Maß=
nahme persönlich betroffen fühlen.

Auf dem Kriegsschauplatze wartete am 10. Mai die in der
Umgegend von Volo aufgestellte türkische Kavallerie die Ankunft der
Infanterie ab, um sodann die Besetzung der Stadt auszuführen.
Infolge des Gerüchtes hiervon war die Mehrzahl der Griechen auf
dem Seewege nach dem Piräus abgereist. An demselben Tage ging
eine Abtheilung türkischer Kavallerie, von Larissa kommend, bis an
die Linie Pharsala—Domokos vor. Die griechische Artillerie begann
ein heftiges Feuer auf die Türken, welche sich dann, da sie be=
deutend in der Minderzahl waren, von griechischer Kavallerie ver=
folgt, zurückziehen mußten. In Athen glaubte man, die Türken
beabsichtigten, sich Pharsalas zu bemächtigen durch Entsendung zweier
Heeresabtheilungen, von denen die eine von Larissa, die andere von
Trikala aus vormarschiren würde. Uebrigens hatten die Griechen
bei ihrem Rückzuge von Larissa nach Pharsala große Quantitäten

Kriegsmaterial und Nahrungsmittel zurückgelaffen, welche nunmehr größtentheils seitens der Bevölkerung geplündert wurden.

10. Eingreifen der Mächte und weitere Ereigniffe bis zur Befetzung Pharfalas durch die Türken.

Unterdeffen hatten zwischen den Mächten Verhandlungen bezüglich des türkisch-griechischen Konfliktes stattgefunden.

Die beiden Nachrichten, welche über diese Verhandlungen eintrafen, enthielten zwar ganz verschiedene Verfionen, jedoch ergänzten sie in gewiffer Hinficht einander.

Zunächst wurde aus Wien gemeldet, Lord Salisbury habe den Mächten vorgeschlagen, eine Konferenz der Großmächte abzuhalten, um die Frage zu erörtern, welche Maßnahmen mit Rückficht auf den türkisch-griechischen Krieg im öftlichen Europa empfehlenswerth feien. Ferner wurde der „Norddeutschen Allgemeinen Zeitung" ebenfalls aus Wien telegraphirt, daß zwischen England und Frankreich Unterhandlungen wegen eines Vorschlages zur Beendigung des Krieges stattfänden, dahin, daß auf Grundlage des status quo der Krieg durch die Mächte für beendigt erklärt würde, ohne daß Griechenland um Frieden zu bitten hätte. Dieser letztere Wunsch ging also in erster Linie von England aus, er war auch durchaus begreiflich, da Griechenland durch England in den ganzen Handel hineingebracht worden war und jetzt mit Fug und Recht verlangen konnte, daß fein unheilvoller Protektor ihm dazu verhelfe, wieder auf anftändige Weise aus dem Kampfe herauszukommen. Ebenfo begreiflich war es, wenn England fich in feiner Verlegenheit an Frankreich wandte in einem Augenblick, wo es wahrscheinlich angefichts der Annäherung Rußlands an Oesterreich und Deutschland in Paris ein ganz besonders geneigtes Ohr zu finden hoffte. Anders ftand es mit den übrigen Mächten, die durchaus keinen Grund hatten, England hier nach feiner verfehlten Kampagne feinen Rückzug zu erleichtern. Auch waren die Vorschläge Englands nicht einmal ernst zu nehmen, sondern nur als ein geschicktes Manöver aufzufaffen gegenüber der Petersburger Zusammenkunft des Zaren mit dem Kaiser von Oesterreich. Ferner war eine Konferenz der Mächte jetzt ziemlich überflüssig geworden, da Alles darauf hindeutete, daß man in Athen anfing, zur Befinnung zu kommen, und die neue Regierung dort wirklich geneigt schien, den Forderungen der Mächte

4*

enblich Gehör zu geben. Denn es wurde aus Athen gemeldet, daß
die Mächte der griechischen Regierung die Rückberufung des Obersten
Vassos aus Kreta anempfohlen hätten und der Pforte bereits mit=
getheilt worden sei, daß man dieser Forderung im Prinzip zustimmte,
allerdings zunächst unter der Bedingung, daß die Mächte eine wahre
Autonomie und die Räumung Kretas durch die türkischen Garnisonen
garantirten.

Der Kabinetswechsel in Athen schien in der That eine günstige
Wirkung ausgeübt und die aufgeregten Gemüther einigermaßen be=
ruhigt zu haben. Die Volksbewegung gegen die Dynastie, die einen
Augenblick einen ziemlich ernsten Charakter anzunehmen drohte,
wurde eingedämmt, und die bis jetzt trotz der Niederlagen herr=
schende kriegerische Stimmung schien einer ruhigeren und besonneneren
Auffassung der Sachlage zu weichen. Auch in der Deputirtenkammer,
die sich am 1. Mai endlich vollzählig zu einer Sitzung zusammen=
fand, trat dieser neue friedliche Geist in die Erscheinung. Von dem
früheren lärmenden Kriegsgeschrei und chauvinistischen Gerede war
nichts mehr zu hören, nur der frühere Ministerpräsident Delyannis
glaubte, seinen Abgang noch mit einigen leeren, prahlerischen Redensarten
feiern zu müssen, indem er der jetzigen Regierung seine und seiner
Partei Unterstützung versprach, solange der Feind nur einen Fuß=
breit vom Vaterlande besetzt halte, und der weiter es als die nächste
Aufgabe bezeichnete, den Feind aus dem Lande zu vertreiben. Aber
dieser Wortschwall aus dem Munde eines Mannes, der eine solche
Unfähigkeit an den Tag gelegt und mit solchem Leichtsinn sein Land
in die größte Bedrängniß gebracht hatte, fand ebenso wenig Wieder=
hall wie die Auslassungen des Deputirten Philaretos, der wieder
die Prinzen angriff und deren Rückberufung verlangte, da der
Kronprinz zu ermüdet sei! Demgegenüber betonte der Minister=
präsident Ralli ausdrücklich, daß die Schuld an der Niederlage der
Armee bei Larissa einzig und allein den bisherigen Generalstabschef
treffe. Der Kronprinz Konstantin habe sich der Einsicht des
Generalstabes anvertraut. Die Prinzen haben, so erklärte Ralli,
ihre Pflicht in jeder Richtung erfüllt, und speziell Prinz Nikolaus
habe sein Leben wiederholt Gefahren ausgesetzt. Vor allem Anderen
sei es im gegenwärtigen Augenblicke nothwendig, zu verhindern, daß
die legitime Dynastie und die monarchische Ordnung in Griechen=
land auch nur die geringste Erschütterung erlitten.

Die Kammer begnügte sich damit, in aller Ruhe die Er=

klärungen des neuen Ministerpräsidenten entgegenzunehmen, der, wenn auch in etwas verhüllter Form, auf die Nothwendigkeit eines ehrenvollen Friedens hinwies, und vertagte sich dann auf Wunsch der Regierung auf unbestimmte Zeit.

Inzwischen befanden sich die Minister, die auf den Kriegs= schauplatz abgesandt wurden, am 2. Mai schon auf der Rückreise nach Athen. Bekanntlich sollten die künftigen Entschlüsse der neuen Regierung bezüglich der Fortsetzung oder Einstellung des Kampfes ganz und gar von der Untersuchung abhängig gemacht werden, welche die Minister an Ort und Stelle vorzunehmen hatten. Das Resultat schien aber, wie vorauszusehen war, ein ungünstiges gewesen zu sein, denn in Paris verbreitete sich bereits am 2. Mai das Ge= rücht, daß Griechenland nunmehr entschlossen sei, den Frieden zu erlangen. In Paris nahm man diese Nachricht mit Genugthuung auf, und die Mehrzahl der dortigen Blätter gab dem Minister= präsidenten Ralli den Rath, nicht länger zu zögern und die Ver= mittelung der Mächte anzurufen, damit ein weiteres unnützes Blut= vergießen vermieden werde. Eine gewisse Bestätigung erhielt dieses in Paris verbreitete Gerücht auch aus Athen, indem dort die diplomatische Lage am 2. Mai dahin zusammengefaßt wurde, daß die griechische Regierung noch kein Gesuch an irgend eine Macht zur Vermittelung gerichtet hätte und dies auch nicht thun würde, ehe nicht die Berichte der Minister, die sich nach Pharsala begeben hatten, eingegangen wären; andererseits sei auch von keiner europäischen Macht ein Anerbieten zur Vermittelung gemacht worden, obgleich die Mächte nicht verhehlten, daß ihnen ein Antrag, der ihnen die Intervention gestattete, willkommen sein würde. Der ganze Ton dieser offenbar von der griechischen Regierung aus= gegebenen Note deutete darauf hin, daß, wenn die Regierung auch bis jetzt die Intervention der Mächte nicht angerufen hatte, doch ein solcher Schritt ziemlich unmittelbar bevorstand, und dies wurde noch wahrscheinlicher, da nach Meldungen, die aus Athen in Wien eingetroffen waren, der König die Rückberufungsordre des Obersten Vassos von Kreta schon unterzeichnet haben sollte.

Vom Kriegsschauplatze trafen inzwischen neue Nachrichten der verschiedensten Art ein. Nach Meldungen aus Arta drangen am 1. Mai die griechischen Truppen wieder von Neuem in Epirus ein, und ein Regiment besetzte Philippiadas zum dritten Male ohne Kampf; doch konnte man schon an diesem Tage sagen, daß die

Freude für die Griechen nicht lange dauern würde, da der neue Be=
fehlshaber der türkischen Armee in Epirus, Saad Eddin Pascha,
mit 8000 Mann frischer Truppen schon in Janina eingetroffen war,
mit deren Hülfe die Griechen definitiv aus Epirus hinausgedrängt
werden sollten. Dies bestätigte sich auch bald, denn schon am
1. Mai meldete der Kommandant der türkischen Truppen in Epirus,
daß ein Evzonen=Bataillon und zwei Batterien, welche infolge eines
Angriffs von türkischer Seite Karvasara verließen, den Rückzug
gegen Kumuzades antraten und auf ihrem Wege ein Geschütz zurück=
ließen. Darauf wurden die Höhen, welche den Paß von Kumuzades
beherrschen, von den Türken besetzt. Ein griechisches Bataillon,
welches mit drei Geschützen gegenüber Istlos an der Straße nach
Luros erschien, mußte infolge der Niederlage der Griechen bei Kar=
vasara zurückgehen. In letzterem Ort war die Landbevölkerung in
unbeschreiblicher Erregung nach Arta geflohen. Sämmtliche Läden
waren geschlossen, und ein waffentragender Priester predigte auf
öffentlichen Plätzen den Kreuzzug. In der Richtung auf Philippiadas
sah man Feuer aufsteigen, und die Türken besetzten die Brücke über
den Luros.

Auf den Höhen bei Pharsala stand in Thessalien seit dem
30. April die ganze griechische Armee, 30 000 Mann mit 60 Ge=
schützen, kampfbereit. Die Einwohner von Domokos begannen diese
Stadt zu verlassen und wurden vorläufig nach Lamia dirigirt, wo
sie unter Zelten kampiren mußten.

Trotzdem nun, wie schon gesagt, das neue Ministerium in
mancher Beziehung neue Saiten aufzog, so glich es in einem Punkte
doch durchaus dem früheren: es sandte Nachrichten über Siege der
griechischen Truppen in die Welt hinaus, die niemals erfochten
worden waren, und wenn aus Athen die Meldung kam: „Unsere
Truppen erwarten in fester Stellung den Feind", so konnte man
auch jetzt noch, ganz so wie unter dem Regime Delyannis, sicher
sein, daß die Griechen sich in vollem Rückzuge befanden. Wie von
Athen aus die Wahrheit entstellt wurde, das ging auch am 2. Mai
aus den griechischerseits verbreiteten Meldungen über die letzten
Vorgänge auf dem thessalischen Kriegsschauplatze hervor. In einer
Depesche aus Larissa heißt es, die ganze griechische Armee stehe
kampfbereit, in Anbetracht eines voraussichtlichen feindlichen Sturmes
sei die Stadt Pharsala geräumt worden. Daraus schien hervor=
zugehen, daß die Griechen nun den Feind auf den Gebirgsabhängen

bei Pharsala erwarteten. Nun trafen aber aus Konstantinopel
Nachrichten darüber ein, welche die Räumung Pharsalas bestätigten,
worin aber hinzugefügt wurde, daß die Griechen keine Vorbereitungen
träfen, um bei Pharsala eine Schlacht zu liefern. Gleichzeitig kam
aus Konstantinopel die Nachricht, daß die türkische Division Hairi
Pascha in Karditsa in der westthessalischen Ebene an der Bahnlinie
Trikkala—Pharsala (etwa 40 km von letzterem Orte entfernt)
angekommen und im Vormarsch begriffen, daß andererseits die Feld=
befestigungen der Griechen bei Veleſtinos, dem Kreuzungspunkte der
Bahnlinien von Volo nach Pharsala einerseits und Lariſſa anderer=
ſeits, von den Türken etwa 35 km öſtlich von Pharsala ge=
nommen worden und damit die Verbindung zwischen Pharsala und
Volo geſtört ſei. Offenbar hatte Edhem Pascha, nachdem er bis
Lariſſa vorgedrungen war und die Griechen ſich nach Pharsala
zurückgezogen hatten, einen gleichzeitigen ſtarken Druck auf die beiden
Flügel der griechischen Stellung eingeleitet und zu dieſem Zwecke
eine Bedrohung der Flanken weſtlich über Trikala und Karditſa
und öſtlich über Veleſtinos angeordnet. Das griechische Heer, das
durch die Beſetzung des Eisenbahnknotenpunktes Veleſtinos von Volo
(dem Hauptſtapelplatz für alle Truppennachſchübe, Munitions= und
Provianttransporte der Armee) abgeſchnitten zu werden befürchtete,
außerdem Gefahr lief, einerſeits von Karditſa in der Richtung auf
Domokos, andererſeits von Veleſtinos in der Richtung auf Armyro
(etwa 20 km in gerader Linie ſüdlich) umgangen zu werden,
hatte es daher vorgezogen, in eine zweite Aufnahmeſtellung nach
Domokos zurückzugehen, um ſich gleichzeitig auch die direkt nach
Süden über den Phurka=Paß im Othrys=Gebirge gehende Rückzugslinie
nach dem etwa 30 km ſüdlich von Domokos gelegenen Lamia
zu ſichern.

Auch die aus griechischer Quelle bezüglich der Vorgänge auf
dem epirotischen Kriegsschauplatze mitgetheilten Nachrichten ſtanden
mit den nachträglich vorliegenden Konstantinopeler Depeschen in
vollem Widerspruch. Während die Griechen ſagten, daß die griechischen
Truppen, die bekanntlich nach dem letzten Geſecht bei Pentepighadia
bis an die Grenze nach Arta zurückgegangen waren, wieder in
Epirus ſeien und zum Theil Philippiadas wieder beſetzt hätten, wurde
aus Konstantinopel gemeldet, daß der Vormarſch der türkischen
Truppen gegen Arta begonnen habe und daß die Griechen dieſen
wichtigen Grenzort bereits räumten. Die Griechen waren demnach

nicht nur aus Epirus hinausgetrieben worden, sondern sie wurden auch von Arta aus von einem Einbruch der türkischen Armee auf griechisches Gebiet bedroht, außerdem wurden die griechischen Truppen auf der Kreuzung von Janina nach Arta von den Türken über= rascht, wobei mehrere Hundert Griechen getödtet wurden. Die Sach= lage war also für die Griechen trotz aller Beschönigungsversuche der griechischen Regierung so kritisch, wie sie nur sein konnte. Aus Volo war schon ein großer Theil der dortigen Bevölkerung nach Athen und nach der Insel Euböa abgereist. In Volo selbst war am 3. Mai ein französisches, ein englisches und ein italienisches Kriegs= schiff sowie das griechische Geschwader angekommen. Französische Marinemannschaften durchzogen in der Zahl von 200 die Straßen der Stadt, was zur Beruhigung der Bewohner beitrug.

Daß man übrigens in Athen ernstlich daran dachte, in Friedens= unterhandlungen einzutreten, ging daraus hervor, daß am 3. Mai der Oberst Vassos, welcher bisher bekanntlich in Kreta war, zurück= berufen und durch den Oberst Staiko ersetzt wurde. Diese Zurück= berufung war ohne Frage nur die Einleitung zur Abberufung der Truppen aus Kreta, die von den Mächten als erste Bedingung für ihre Intervention gestellt wurde. Da die Abberufung des Okkupations= korps mit dem bei den Griechen jetzt sehr populären Oberst Vassos an der Spitze größere Schwierigkeiten gemacht haben würde, ersetzte man zunächst den Führer, um dann die Truppen zurückzuberufen. Diese Deutung erwies sich auch als richtig, denn es herrschte auch in Athen kein Zweifel darüber, daß mit der Abberufung des Obersten Vassos der erste Schritt zum Rückzuge Griechenlands von der Insel Kreta gethan war. Es verlautete sogar, Staikos Aufgabe, welcher Vassos sich nicht unterziehen wollte, werde eben die Räumung Kretas bilden. Die Kriegsschiffe der westlichen Großmächte sollten die griechischen Truppen in naher Zukunft von Kreta nach ihrer Heimath befördern. Die griechische Regierung sollte sogar hierüber mit den betreffenden Mächten bereits Fühlung genommen und bei ihnen Entgegenkommen gefunden haben. Auch sagte man, der griechische Ministerpräsident Ralli würde ein Vermittelungsanerbieten seitens der philhellenischen Mächte sehr willkommen heißen. Ferner benachrichtigte die griechische Regierung am 4. Mai ihre Vertreter im Auslande, die Annahme von Freiwilligen für die griechische Armee einzustellen.

Wenn die griechische Regierung durch derartige kleine Kniffe

beffer zum Ziele zu kommen hoffte, so war das ihre Sache. Die
Hauptsache war, daß sie sich zunächst den Forderungen der Mächte
fügte und die Anbahnung einer friedlichen Lösung ermöglichte. Daß
sie in Anbetracht der in Griechenland herrschenden aufgeregten Volks=
stimmung zu einer gewissen Vorsicht genöthigt war, mag ja zugegeben
werden, denn wie sehr die Bevölkerung, wenn auch ganz mit Un=
recht, gegen die Königsfamilie, namentlich aber gegen den Kron=
prinzen, aufgebracht war, ging unter Anderen aus folgendem Vor=
falle hervor. Am 2. Mai fanden in Achia, wo der Kronprinz ein
großes Gut besitzt, feindselige Kundgebungen gegen die Dynastie statt.
Volkshaufen, durch Läuten der Glocken zusammengerufen, drangen
in die Villa des Kronprinzen ein, bemächtigten sich der daselbst für
die königliche Wache aufbewahrten Waffen, zertrümmerten die Möbel
und verbrannten die vorhandenen Papiere.

Auf dem Kriegsschauplatze waren am 3. Mai türkische Auf=
klärungsabtheilungen rechts von der Linie Larissa—Pharsala bis über
die Bahnstation Maskoluri hinaus vorgedrungen, in der Front hatten
sie Subasi erreicht. Die Kämpfe bei Veleftinos und Pilaf=Tepe
dauerten an diesem Tage fort. Man hoffte jedoch, man würde mit
den erwarteten Verstärkungen baldigst den Weg nach Volo frei
machen können. Außerdem war ein Umgehungsmanöver über Geoli
und Krapena auf Volo in der Ausführung. Von Saloniki aus
fanden ununterbrochen große Transporte aller Gattungen Militär
nach dem Kriegsschauplatze statt. In den Reihen der türkischen
Truppen herrschte überall die größte Disziplin und Ordnung. Grie=
chische Gefangene schrieben aus Janina, daß ihre Behandlung von
Seiten der Türken die denkbar beste sei. In Athen hingegen fürch=
tete man, daß, falls die griechischen Truppen bei Pharsala besiegt
würden, in Athen und in den Provinzen eine Revolution ausbräche.
Schon am 4. Mai schien eine Revolution in Athen unvermeidlich
zu sein. Das ganze Geschäftsviertel der Stadt wurde geplündert.
Eine große Menschenmenge wälzte sich vor den Palast und schrie
wie rasend. Bilder und Photographien des Königs und der könig=
lichen Familie wurden auf offener Straße zerrissen. Im Piräus
riß der Pöbel das königliche Wappen von den Läden der Hof=
lieferanten. Die Mehrzahl der Läden war geschlossen. Die Sache
stand so heikel, daß eine Menge Offiziere von den im Piräus an=
kernden europäischen Kriegsschiffen in bürgerlicher Kleidung landeten.
Ihre Uniform hatten sie jedoch in ihren Handkoffern. Sie sollten

in dem Falle augenblicklich handeln, falls der königlichen Familie etwas zu Leibe geschehe. Zu gleicher Zeit waren Marinesoldaten und Matrosen jeden Augenblick darauf bezüglicher Befehle gewärtig. Sogar einem Komplot kam die griechische Regierung auf die Spur, welches den König Georg entfernen oder ermorden wollte.

Trotzdem die Nachricht von der Besetzung von Pharsala durch die türkische Armee, welche am 5. Mai aus Konstantinopel gemeldet war, von anderer Seite noch nicht bestätigt wurde, so konnte sie doch an sich keinem Zweifel unterliegen, seitdem die Räumung — wenigstens der Stadt — seitens des griechischen Heeres fest= stand. Edhem Pascha hatte den Vormarsch von Larissa aus in drei Kolonnen angetreten, wobei die Division Memduh den linken Flügel, die Division Hairi den rechten Flügel und eine dritte Division, wahrscheinlich die von Neschat Pascha befehligte, das Centrum bildete. Da der Vormarsch durch den südlichen Theil der thessalischen Ebene erfolgte, so konnte die türkische Kavallerie dabei mit Erfolg in Thätigkeit treten. Angesichts dieser die linke Flanke und die Rückzugslinie der Griechen bedrohenden Offensive war der Abzug der Griechen nach Süden, über Domokos hinter die Schutz und Deckung gewährende Barriere des Othrys=Gebirges, von vornherein wahrscheinlich. Mit der Besetzung der Eisenbahnlinie Karditsa— Velestinos und des südlich davon gelegenen Pharsala hatte die türkische Armee einen strategischen Abschnitt erreicht, über welchen hinaus sie dem griechischen Heere voraussichtlich so schnell nicht folgen konnte, zumal die Anzeichen sich mehrten, daß die griechische Regierung die Einstellung der Feindseligkeiten herbeizuführen beabsichtigte. Die gegentheiligen Erklärungen waren nur für die öffentliche Meinung in Griechenland bestimmt. So beanspruchte z. B. auch ein Telegramm aus Athen, wonach dort der Ministerrath beschlossen haben sollte, den Krieg fortzusetzen, wenig Glaubwürdigkeit, denn es stand auch mit allen Privatmeldungen in vollem Widerspruch).

Trotzdem bot die Beurtheilung der Sachlage auf dem Kriegs= schauplatze nach wie vor Schwierigkeiten infolge der widersprechenden Nachrichten, die über die einzelnen Vorgänge aus Athen und Kon= stantinopel kamen. Während die Konstantinopeler und auch englische und Wiener Meldungen in den letzten Tagen besagten, daß sich die griechische Armee von Pharsala über Domokos nach Lamia hinter das Othrys=Gebirge zurückzöge, kamen aus Athen wieder nicht nur Nachrichten über siegreiche Kämpfe bei Velestinos, wo Oberst

Smolenski bekanntlich, trotz mehrerer Angriffe der türkischen Vorhut, in seiner besonders günstigen Stellung ausharrte, sondern es wurde auch von einem Angriffe der türkischen Truppen auf die griechischen bei Pharsala gemeldet, der angeblich von den Letzteren unter der Führung des Kronprinzen und Mitwirkung des Prinzen Nikolaus zurückgeschlagen worden war. Auffallenderweise wurden aber diese Nachrichten aus griechischer Quelle durch ein Telegramm aus Konstantinopel schon im Voraus dementirt, welches besagte, daß bei Pharsala keine für die Türken unglücklichen Kämpfe stattgefunden hätten, während gleichzeitig hinzugefügt wurde, daß seit der Ein= nahme Larissas gegen Pharsala nur Rekognoszirungsversuche er= folgten. Um solche Rekognoszirungsgefechte oder Berührungen der Vortruppen hatte es sich nun wohl auch bei Pharsala gehandelt, und wenn die auch hierbei etwa von den griechischen Truppen erzielten unbedeutenden Erfolge von griechischer amtlicher Seite unverhältniß= mäßig aufgebauscht wurden, so erklärte sich das wohl dadurch, daß man noch vor der Anrufung einer Intervention der Mächte die Ehre des Heeres retten und das Ansehen des Kronprinzen wieder herstellen wollte. Eine militärische Bedeutung war diesen griechischen Siegen jedenfalls nicht beizumessen. Schon die Meldung von grie= chischer Seite, daß die Türken eine Erneuerung des Angriffes mit überlegenen Kräften vorbereiteten, deutete darauf hin, daß der türkische Angriff ein vor dem Aufmarsch des Gros des türkischen Heeres unternommenes Avantgardengefecht war.

Erst am 5. Mai hatten die Türken ihren Aufmarsch gegenüber der griechischen Stellung bei Pharsala beendet. Wenn die dort ver= sammelte griechische Armee wirklich 23 000 Mann betrug, so hatte sie dem türkischen Heere gegenüber einen schweren Stand. Außer den drei Divisionen Hairi Pascha, Memduh Pascha und Hakki Pascha waren noch im Anmarsche die 4. Division Haidar Pascha, die 5. Division Omer Neschat Pascha, die 6. Division Ahmed Hambi Pascha und die 7. Reserve=Division. Die 4. Division Haidar Pascha war über Kalabaka nach Trikala vorgeschoben, um die rechte Flanke und den Rücken der türkischen Haupt=Armee gegen Unternehmungen der griechischen Freischärler zu schützen, die in den nahen Gebirgen eine ausgezeichnete Basis für ihre Operationen besaßen. Es konnten sich daher auch die 5., 6. und 7. Division an der Offensive gegen Pharsala betheiligen, so daß Ehdem Pascha außer der Kavallerie= Division, die sich bereits vor der Front befand, mindestens fünf bis sechs Divisionen zum Angriffe auf die griechische Position verwenden konnte. Allen Athener Berichten zufolge hatten die Griechen große Vorbereitungen für die Vertheidigung von Pharsala getroffen und namentlich starke und weit ausgedehnte Befestigungen errichtet. Zu deren Bezwingung mußte Ehdem Pascha eine starke Artillerie auf= bieten. Die Heranziehung derselben sowie der für einen längeren Geschützkampf nothwendigen Schießvorräthe erforderte aber viel Zeit und Mühe, insbesondere wenn, wie es hier der Fall war, Kanonen und Munition über schwerpassirbare Gebirge transportirt werden müssen. Zwei Haubitz=Batterien waren nach einem schwierigen Marsche über den Meluna=Paß am 5. Mai in Larissa eingetroffen.

Inzwischen führten die diplomatischen Verhandlungen, die seit Kurzem bezüglich einer Friedensvermittelung der Mächte in dem türkisch=griechischen Konflikte geführt wurden, zu einem ersten that= sächlichen Schritt, und zwar ging derselbe von Rußland aus. Der Minister des Aeußern, Graf Murawiew, richtete am 4. Mai an den russischen Gesandten in Athen, v. Onou, eine Depesche des Inhalts, daß die kaiserlich russische Regierung angesichts der Be= sorgnisse, welche die gegenwärtig schwierige Lage der griechischen Dynastie hervorrufe, bereit sei, im Falle einer Anregung des Athener Kabinets, in Gemeinschaft mit den übrigen Großmächten eine Mediation zwischen den beiden kriegführenden Parteien zu versuchen. Die Ver= treter Rußlands bei allen Großmächten brachten den Inhalt dieser an Herrn v. Onou seitens des Grafen Murawiew gerichteten Depesche den Regierungen, bei denen sie beglaubigt waren, am 5. Mai offiziellerweise zur Kenntniß, und die Mächte äußerten, soviel bekannt wurde, zustimmend. Die russische Regierung kam also hier Griechenland auf halbem Wege entgegen und bot ihm in ihrem und der übrigen Mächte Namen indirekt eine Vermittelung an, um ihm die Anrufung einer solchen zu erleichtern. Motivirt wurde dieses Vorgehen Rußlands durch die schwierige Lage, in welcher sich augenblicklich die griechische Dynastie befand, die nicht nur Rußland, sondern auch die übrigen Mächte zu retten entschlossen waren, ja man sagte sogar, einige wären nöthigenfalls bereit, Truppen in Athen zu landen und dort militärisch einzuschreiten. Dieses Ein= greifen der Mächte war aber nicht unbedenklich. Griechenland hatte den Krieg in frivoler Weise vom Zaun gebrochen. Der König hatte sich von einer panhellenischen Strömung der öffentlichen Meinung nicht ungern treiben und fortreißen lassen. Wenn die Griechen nicht

die Folgen des freventlichen Friedensbruches im eigenen Lande ver=
spürten und die Mächte den siegreichen Türken in den Arm fielen,
so bedingte eine solche Aktion eine schwere Gefährdung des Friedens
im Orient. Griechen, Serben und Bulgaren würden stets um so
leichter geneigt sein, über die Türken herzufallen, sobald sie über=
zeugt sein durften, daß im Moment, wo die Sache schief ging,
Europa helfend einsprang. Die Griechen hatten sich ihr Schicksal
selbst gewünscht, so mußten sie auch ihre Sache allein durchfechten.
In der That war die Lage des Königshauses in Athen noch immer
höchst bedenklich, und man sagte sogar, daß nicht nur gegen den
König, sondern auch gegen alle drei Prinzen zügellos getobt würde.
Auch wurde aus Rom gemeldet, daß nach dort aus Athen ein=
getroffenen Privattelegrammen die italienischen Freiwilligen —
meistens heftige Sozialisten oder Anarchisten — nicht nach Griechen=
land abgegangen seien, um für die Sache des Hellenismus zu
kämpfen, sondern einzig und allein, um dort eine revolutionäre Be=
wegung in Scene zu setzen, und daß der bekannte italienische Revo=
lutionär Amilcar Cipriani ein Komplot zum Zwecke der Ent=
thronung des Königs Georg angezettelt habe, das aber, wie schon
erwähnt, rechtzeitig entdeckt und durch die Verhaftung Ciprianis
beseitigt wurde. In den Athener tonangebenden Kreisen war man
ganz richtigerweise der Ansicht, daß eine dynastische Krise das
größte Unglück wäre, welches Griechenland in diesem Augenblick
treffen konnte. Auch die neue Regierung machte, wie wir schon
gesehen haben, Anstrengungen, um die öffentliche Meinung den Ein=
flüssen der antidynastischen Agitation, die von den ausländischen
Revolutionären geschürt wurde, zu entziehen.

Ohne Zweifel standen damit auch die Bemühungen des
Ministeriums Ralli im Zusammenhang, das Ansehen des Kron=
prinzen der öffentlichen Meinung gegenüber möglichst herzustellen,
vor Allem die bekannte öffentliche Erklärung der vom Kriegsschauplatz
zurückkehrenden Minister, daß der als Oberbefehlshaber der thessalischen
Armee fungirende Kronprinz Konstantin an der Katastrophe von
Larissa keine Schuld trage, daß sein Generalstab vielmehr den Rückzug
gegen seinen Willen angeordnet habe. Daß es sich bei dieser Erklärung
thatsächlich nur um einen schlauen Schachzug des Ministeriums im
Interesse der bedrohten Dynastie handelte, ging deutlich aus der Version
hervor, welche der Berichterstatter des Pariser „Journal" in Pharsala
aus dem Munde des Kronprinzen vernommen haben wollte. Hiernach

war der Kronprinz es selbst, der den Befehl zum Rückzuge von
Larissa nach Pharsala gab, und er übernahm für diesen Befehl die
volle Verantwortlichkeit, weil er glaubte, daß Edhem Pascha sofort
nach Larissa vormarschiren und dem griechischen Heere den Rückzug
abschneiden würde.

11. Preisgabe von Pharsala und Rückzug des griechischen Heeres auf Domokos.

Auch die Siegesnachrichten der letzten Tage, die aus Athen verbreitet wurden, dienten demselben Zweck. Wie wenig ernst dieselben
zu nehmen waren, ging daraus hervor, daß am 6. Mai Pharsala
von den Griechen aufgegeben wurde und sich die Armee des Kronprinzen nach Domokos zurückzog.

Auch die Brigade Smolenski trat an diesem Tage eine Rück-
wärtsbewegung an, wobei es dem Obersten Smolenski überlassen
wurde, seinen Rückzugspunkt selbst zu wählen. Derselbe hatte zwei
Wahlen: entweder konnte er sich auf Volo zurückziehen, wo er sich
unter dem Schutze des Panzergeschwaders befand, oder er konnte in
der Richtung auf Armyro zurückgehen, um sich wieder mit dem Gros
der Armee zu vereinigen. Griechenland hatte so seine Sache auf
dem Kriegsschauplatz verloren und hatte alle Ursache, die vom Grafen
Murawiew gewünschte Anregung zur Friedensvermittelung so schnell
wie möglich zu geben.

Schon am 4. Mai morgens hatten vier Divisionen (offenbar
die des Centrums der türkischen Armee) den Vormarsch gegen
Pharsala begonnen und stießen bereits bei den auf den Höhen vor
der Ebene von Pharsala gelegenen Dörfern Subasi (etwa 13 km
nördlich von Pharsala) und Sulebsi (einige Kilometer westlich von
Subasi) auf den Feind. Die Griechen wurden schrittweise zurück-
gedrängt, so daß die Türken, welche nun ins Tschinarli-Thal hinab-
stiegen und bei Barakli (etwa 5 bis 6 km nördlich von Pharsala)
die Eisenbahn zerstörten, Pharsala im Norden cernirten. Die
Griechen, welche jetzt einsahen, daß ein weiterer Widerstand unmöglich war, zogen einen Theil ihrer Truppen zurück. Die Stärke
der griechischen Truppen, welche von dem Kronprinzen und dem
Prinzen Nikolaus befehligt wurden, wurde auf 20 000 Mann
und 5 Batterien geschätzt. Das Gefecht begann am 5. Mai, 2 Uhr
früh, dauerte den ganzen Tag über an und war erst in der Nacht

zu Ende. Die Griechen hatten die Höhen von Kara-Dernirdji besetzt, von dort wurden sie durch eine geschickte Schwenkung zweier türkischer Batterien verdrängt, durch welche die griechische Artillerie zum Schweigen gebracht wurde. Gegen Mittag rückte die türkische Artillerie vor und umfaßte den rechten Flügel der Griechen. Der Souschef des Generalstabes Seyfullah Pascha zog einige Bataillone zusammen, unter welchen sich albanesische Mannschaften befanden, und ließ dieselben einen Vorstoß gegen die Griechen machen, welche sich infolgedessen in die südlich von Tatari sich ausdehnende Ebene zurück- zogen. Gegen 2 Uhr nachmittags war Tatari von den Türken genommen. Die Letzteren setzten ihren Vormarsch fort, während die Griechen, das Feuer der Türken erwidernd, sich in ungeordnetem Rückzuge bis zur Brücke von Pharsala drängen ließen. Die türkische Ar- tillerie lieh der auf die Griechen feuernden Infanterie regelmäßige Unter- stützung. Schließlich leisteten die Griechen noch in Vasili Widerstand, die Türken erwiderten ihr Feuer von Palager-Magula aus. Von den griechischen Geschossen schlug nur ein einziges ein; es fiel in der Nähe der beim türkischen Generalstab befindlichen Militärattachés Frankreichs und Oesterreich-Ungarns nieder, welche sich mit der Aufnahme von Momentbildern der Schlacht beschäftigten. Um 6 Uhr abends nahm die türkische Artillerie vor Pharsala Stellung, während die Infanterie die Brücke überschritt. Am 6. Mai morgens um 7 Uhr wurde nach kurzem Kampfe mit der griechischen Arriere- garde die Stadt genommen. Auf beiden Seiten wurden große Mengen Munition verschossen. Die Türken hatten etwa 250 Todte und Verwundete. Eine türkische Kavallerie-Division verfolgte den Feind auf dem Wege nach Domokos. Die Division Hairi Pascha erhielt schon nachts Befehl, eine Bewegung gegen Domokos auszu- führen. Der Feind ließ viel Schießbedarf und Lebensmittel- Vorräthe im Stich. Türkischerseits wurde am 7. Mai sogar der sofortige Vormarsch der Armee über Domokos nach dem etwa 27 km südlich von Domokos gelegenen Lamia vorbereitet, wo sich das griechische Hauptquartier nunmehr befand. Das türkische Hauptquartier verblieb die Nacht vom 6. zum 7. in Pharsala und sollte am 7. Mai weiter vorrücken.

Bei dem Kampfe hatte besonders die türkische Artillerie große Manövrirfähigkeit bewiesen, die Einnahme der verschiedenen auf- einander folgenden Stellungen vollzog sich in großer Ordnung, auch erlitten die Griechen durch die türkische Artillerie sehr schwere Verluste, namentlich beim Ueberschreiten der Brücke über den Fluß.

Mit Pharsala selbst wurden 80 Dörfer der Umgegend von den türkischen Truppen besetzt, welche dabei eine Gebirgs=Batterie mit 18 Maulthieren, zahlreiche Munition und Proviantstücke, unter diesen auch das Gepäck der Prinzen, erbeuteten. Die Blätter in Konstantinopel feierten natürlich mit großer Begeisterung die un= erwartete Einnahme von Pharsala. Sie sagten, man habe diesen Erfolg dem Sultan zu verdanken, welcher Edhem Pascha zum Oberstkommandirenden auserwählt hatte. Sie feierten auch den Löwenmuth der türkischen Soldaten, welche wahre osmanische Helden wären.

Was die Brigade Smolenski anbetraf, die ziemlich isolirt bei Veleftinos gestanden hatte und, wie erwähnt, sich infolge des Gesammtangriffes der türkischen Heere ebenfalls zurückziehen mußte, so war man über den Verbleib derselben in Athen vorläufig völlig im Ungewissen. Zwar wurde am 6. Mai gesagt, Oberst Smolenski ziehe sich nach dem etwa 30 km südlich von Veleftinos gelegenen Armyro zurück, jedoch war bis zum 7. Mai seine Ankunft daselbst in Athen noch nicht gemeldet, so daß zu befürchten stand, er sei auf seinem Rückzuge von den türkischen Truppen abgeschnitten worden. Die Regierung entsandte deshalb ein Kanonenboot dorthin, um Erkundigungen einzuziehen. Auch in den Kämpfen bei Veleftinos hatten die Türken seit dem 27. April im Ganzen nur 600 Mann verloren. Als die Niederlage bei Pharsala in Lamia bekannt wurde, brach unter den Einwohnern eine Panik aus, viele Familien ver= ließen die Stadt, nachdem schon in der Nacht vom 6. zum 7. drei Schiffe mit Flüchtlingen aus verschiedenen Städten im Piräus an= gekommen waren. In Larissa trafen am Abend des 6. Mai zahl= reiche Verwundete ein; dieselben bestätigen die Einnahme von Veleftinos, wo ernste Kämpfe stattgefunden hatten. Somit war klar, daß Oberst Smolenski hatte zurückgehen müssen, und aus Armyro wurde auch am 7. Mai, vormittags 11 Uhr, gemeldet, daß die Brigade Smolenski dort eingetroffen sei.

Es war begreiflich, daß nach der letzten Niederlage der Griechen bei Pharsala aufs Neue von ernsten Friedensverhandlungen die Rede war, denn Griechenland mußte nun doch wohl endlich einsehen, daß jeder weitere Widerstand unmöglich geworden war. Ebenso begreiflich war es, daß jetzt aus englischer Quelle stammende Athener

Depeschen die Sache so darzustellen suchten, als ob die Mächte
Griechenland ihre Vermittelung angeboten hätten. So meldete eine
Athener Depesche des „Daily Telegraph", daß am 6. Mai die
Friedensverhandlungen ernstlich begonnen hätten. Am 5. hätten vier
Mächte ihre Athener Vertreter angewiesen, aus eigenem Anlaß ihre
Dienste anzubieten. Am 6. Mai empfingen die übrigen Vertreter
ähnliche Anweisungen. Die Bedingungen seien die Räumung
Thessaliens türkischerseits und die Räumung Kretas griechischerseits,
Erhaltung des seitherigen Zustandes, soweit Griechenland in Betracht
käme. Bezüglich Kretas hätten die Mächte ihre eigenen Pläne, die sie,
soweit möglich, im Einklange mit den Wünschen der Bevölkerung
ausführen würden. Diese Depesche war offenbar für griechische
Zwecke zurecht gestutzt und konnte unmöglich dem wahren Sach=
verhalt entsprechen. Wenn auch nach dem bekannten letzten Schritte
des Grafen Muraview ein gewisses Entgegenkommen der Mächte
bezüglich der Anrufung der Vermittelung wahrscheinlich geworden
war, so war es doch ganz ausgeschlossen, daß die Mächte der Türkei
derartige Friedensbedingungen zumuthen konnten, da in diesen nicht
einmal von einer Kriegsentschädigung für die ungeheuren Kosten
eines der Türkei aufgezwungenen Krieges die Rede war. Die
Meldung des „Daily Telegraph" war offenbar nicht ernst zu
nehmen. In derselben war nur der Wunsch der Vater des Ge=
dankens!

Unter den obwaltenden Umständen war es jedoch so gut wie
selbstverständlich, daß Griechenland die Waffen strecken und die Inter=
vention der Mächte anrufen mußte. Aber man wollte in Athen,
angeblich in Anbetracht der bedrohten Stellung der Dynastie, noch
immer nicht die Niederlage eingestehen und gab sich dort um so
mehr den Anschein, als ob man den Widerstand fortsetzen könnte,
da man jetzt wußte, daß die Mächte entschlossen waren, auf alle und
jede Weise die Dynastie zu retten, und man aus diesem Umstande
zur Erlangung günstiger Friedensbedingungen Kapital zu schlagen
hoffte. So wurde z. B. gesagt, daß der Gesandte einer Griechen=
land nahestehenden Großmacht am 6. Mai dem griechischen Kabinets=
chef Ralli im Auftrage seines Souveräns erklärt habe, wenn
Griechenland der Königsfamilie gegenüber loyal bleibe, würden die
Mächte dahin arbeiten, Griechenland nicht die volle Schwere des
von ihm angesachten Krieges fühlen zu lassen, wenn jedoch das
griechische Volk die Königsfamilie zu einer Katastrophe führe, so

werde man unerbittlich dem Gang der Dinge freien Lauf laſſen. Natürlich wurde man infolge dieſes Zurückweichens der europäiſchen Kabinete in Griechenland trotz aller Niederlagen immer anmaßender, und die griechiſche Regierung ſcheute ſich ſogar nicht, zu erklären, daß Griechenland, falls die Mächte auf der Zurückberufung der griechiſchen Truppen von der Inſel Kreta als einer Bedingung für die Vermittelung zwiſchen der Türkei und Griechenland beſtehen ſollten, den Krieg bis zur Vernichtung vorziehen würde.

Ueberdies wurde jetzt auch gemeldet, die Mächte hätten be-ſchloſſen, auf eigene Initiative zu interveniren und der Türkei und Griechenland eine Kollektivnote zu überreichen mit der Aufforderung, die Feindſeligkeiten einzuſtellen, da die Mächte die Löſung der türkiſch=griechiſchen Differenzen übernehmen wollten. Mit der Be-ſtätigung dieſer Nachricht hätten ſich die Mächte angeſichts des von Griechenland durch einen Völkerrechtsbruch in ſo ſchnöder Weiſe provozirten Krieges einer Ungerechtigkeit der Türkei gegenüber ſchuldig gemacht, ganz abgeſehen von der bereits erwähnten ernſten Gefährdung des Friedens im Orient, welche ein derartiges Vor-gehen zur Folge haben konnte.

Die Griechen glaubten offenbar, jetzt Europa Alles bieten zu können, und wollten, nachdem ſie die Ueberzeugung erlangt hatten, daß es den Mächten vor Allem darum zu thun war, den griechiſchen Königsthron zu ſchützen, durch eine Drohung mit dem Sturz des-ſelben ebenſo eine Erpreſſung ausüben, wie ſie das ſchon ſeinerzeit mit der Kriegserklärung gethan hatten.

In der Türkei urtheilte man natürlich über etwaige Friedens=verhandlungen anders, denn es wurde dort der Ueberzeugung Aus-druck gegeben, daß die Türkei nicht in der Lage ſein würde, das okkupirte Feindesland ohne Bezahlung einer entſprechenden Kriegs=entſchädigung durch Griechenland zu räumen.

Edhem Paſcha war am 7. Mai, nachdem er ſich von der Sachlage bei Pharſala überzeugt hatte, mit ſeinem Generalſtabe nach Veleſtino gegangen, das inzwiſchen auch von den Türken ein=genommen war. Dorthin kamen der engliſche und franzöſiſche Konſul im Namen des Konſularkorps mit Marinemannſchaften, die ihnen mit Fahnen voranmarſchirten. Dieſe erklärten, daß Volo von den Griechen geräumt ſei und daß die Griechen die Sträflinge freigelaſſen hätten. Um zu verhindern, daß dieſe in der Stadt plünderten, hätten die Konſuln als proviſoriſche Maßnahme Marine=

soldaten landen laſſen. Sie baten darum, die Konſulate und die Niederlaſſungen der Ausländer durch türkiſche Truppen zu ſchützen. Edhem Paſcha antwortete ihnen zuſtimmend und ließ den Oberſten im Generalſtabe Enver Paſcha mit zehn Bataillonen auf Volo marſchiren. Letzterer erhielt den Befehl, mit ſechs Bataillonen die die Stadt beherrſchenden Höhen zu beſetzen und mit vier Bataillonen in Volo ſelbſt einzurücken, um Unordnungen zu verhindern. Als Enver Paſcha nach Volo kam, waren die Griechen bereits nach Armyro geflohen, um ſich mit der Haupt-Armee in Domokos zu vereinigen. Oberſt Enver ſelbſt wurde mit ſeinen Truppen eine halbe Stunde vor Volo von der Bevölkerung begrüßt. Darauf zog er in die Stadt ein und machte im Regierungsgebäude kund, daß die Stadt unter türkiſche Adminiſtration geſtellt worden ſei. Die Sicherheit der Bevölkerung ſei gewährleiſtet, aber Feindſeligkeiten gegen türkiſche Truppen würden ſtreng beſtraft werden. Dieſes wurde durch die Notabeln zur Kenntniß der Regierung gebracht. Die türkiſchen Truppen übernahmen hierauf den Sicherheitsdienſt. Bei dem Einzuge in Volo erbeuteten die Türken 2250 Kiſten Infanteriemunition, 22 Munitionswagen, 6 leere Feſtungsgeſchütz-Laffeten, 7 Trainwagen, 1 Mörſer, 445 Kiſten Geſchützmunition und 1465 Hartgeſchoſſe. Edhem Paſcha bat darum, unverzüglich Zollbeamte nach Volo zu ſchicken, um den Handelsverkehr aufrecht zu erhalten.

Infolge der letzten Siege erhielt Edhem Paſcha den Titel eines Marſchalls der geſammten Operations-Armee und wurde von Neuem zum Oberbefehlshaber der geſammten Truppen an der griechiſchen Grenze ernannt, während Ghazi Osman Paſcha nach Konſtantinopel zurückkehrte. Saad Eddin Paſcha erhielt den Oberbefehl über die neuformirte 3. Diviſion des epirotiſchen Korps. In Epirus ſtand der Uebergang der türkiſchen Armee zur Offenſive zu erwarten, und am 9. Mai kam von dem Oberbefehlshaber des epirotiſchen Korps ſchon die Nachricht, daß die griechiſchen Banden, welche ſich auf den Höhen von Zalongos, ſüdweſtlich von Luros, aufhielten, aus dem Kloſter Zalongos und dem Dorfe Samartepe vertrieben und zerſtreut wurden.

In Theſſalien hatte inzwiſchen am 9. Mai der Vormarſch der türkiſchen Truppen gegen Domokos begonnen. An dieſem Tage wurden die türkiſchen Vorpoſten bereits bis Skarmitſa 4 bis 5 km weſtlich von Domokos vorgeſchoben. Ferner wurden auf der Linie

Domokos—Armyro Zusammenstöße erwartet, an einzelnen Stellen waren die Türken sogar schon mit der Brigade Smolenski in Berührung gekommen. Zwar wurde aus Athen wiederum gemeldet, die griechische Armee stehe kampfbereit bei Domokos; nach den bisherigen Erfahrungen jedoch konnte man dieser Nachricht keinen Glauben schenken, konnte vielmehr annehmen, daß bald über einen Rückzug der Griechen nach Lamia Nachrichten eintreffen würden.

12. Rückberufung der griechischen Truppen aus Kreta und weiteres Eingreifen der Mächte.

Ein Schritt der griechischen Regierung, welcher darauf hindeutete, daß man in Athen ernste Friedensabsichten hatte, war in der Abberufung der griechischen Truppen aus Kreta zu sehen. Wie schon erwähnt, war der Oberst Vassos von dort bereits abberufen worden und traf am 9. Mai in Athen ein. Am 10. Mai ersuchte die griechische Regierung die Mächte, ihre Geschwaderchefs anzuweisen, daß sie den griechischen Kriegsschiffen gestatteten, die von Kreta abberufenen Truppen an Bord zu nehmen. Zwar wurde die Abberufung damit erklärt, daß die Truppen zur Vertheidigung Thessaliens sofort nöthig seien, in Wahrheit aber war man wohl in Griechenland des Krieges endlich müde geworden. Jedoch erklärte der Minister des Aeußern, Skuludis, er glaube vorauszusehen, daß die Friedensverhandlungen sich sehr schwierig gestalten würden. Wenn die griechischen Staatsmänner sich in letzter Zeit nicht als besonders weitblickend gezeigt hatten, so mochte Skuludis in diesem Punkte wohl Recht behalten. Der Friedensabschluß war in der That keine leichte Sache; denn es war vorauszusehen, daß die Türkei trotz der Intervention der Mächte, gestützt auf ihre großen Waffenerfolge, Ansprüche erheben konnte, die den Griechen die Lust zur Wiederholung einer ähnlichen Tragikomödie endgültig benahmen. Zu Athen wurde am Nachmittage des 10. Mai der Text der Note betreffend die Vermittelung der Mächte festgestellt. Der Ministerpräsident Ralli und der Minister des Aeußern, Skuludis, hatten an demselben Tage in der deutschen Gesandtschaft mit dem deutschen Gesandten, Baron v. Plessen, eine längere Unterredung.

Was die türkischen Bedingungen für den Friedensschluß anlangte, so wurden dieselben am 10. Mai in den dem Yildiz-Kiosk nahestehenden Kreisen Konstantinopels in folgender Weise angegeben:

1. Eine Kriegsentschädigung von zehn Millionen türkischen Pfund.

2. Grenzregulirung bei Preveſa, Metzovo, Grania, Damaſſa oder bei Meluna und Analypſis. Bezüglich Preveſas wurde die Zurückgabe der gegenüber gelegenen Landzunge mit dem Fort Puntakale und die Analypſis gegenüber gelegenen An= höhen gefordert. Einige Stimmen plädirten dafür, die Oſt= grenze bis zum Xerias=Fluſſe und zum Tempe=Thal auszu= dehnen.

3. Annullirung der zu Gunſten der griechiſchen Unterthanen abgeſchloſſenen Spezialverträge und Regelung der Kreta= Frage durch Beſchränkung der verſprochenen Autonomie zu Gunſten der Pforte.

Wenn auch nicht alle Bedingungen erfüllt würden, ſo rechnete man doch auf ein entſprechendes Aequivalent für die Kriegskoſten. Mit Rückſicht auf die Stimmung der Mohammedaner konnte das okkupirte griechiſche Gebiet nicht verlaſſen und die Armee demobiliſirt werden. Andererſeits erwartete man auch im Yildiz=Kioſk ſehn= ſüchtig die Intervention der Mächte, da man ſich von einem weiteren Vormarſch keinen größeren Gewinn verſprach.

In Athen beſchäftigte man ſich ſeit einigen Tagen in den Zeitungen mit ſkandalöſen Enthüllungen über die Verwaltung der Gelder der Nationalgeſellſchaft Ethnike Hetairia. Es wurde an= gedeutet, daß die in Griechenland geſammelten Gelder nicht ehrlich verwaltet wurden. Die geheimen Leiter dieſer Geſellſchaft wurden aufgefordert, Rechenſchaft abzulegen und die noch vorhandenen Summen an die Staatskaſſe abzuliefern.

Ueber die Vorgänge auf dem epirotiſchen Kriegsſchauplatz wurde am 10. Mai durch den Kommandanten des Truppenkorps von Epirus auf Grund eines Telegramms Husni Paſchas, des Kommandanten der 1. Brigade, gemeldet, daß ein griechiſches aus Regulären und Freiwilligen beſtehendes Detachement, das ſich auf den Höhen nächſt Kamarina, einem Dorfe, 25 km nördlich von Preveſa, feſtgeſetzt hatte, von drei Bataillonen türkiſcher Truppen mit Geſchützen an= gegriffen wurde. Nach einigen Kanonenſchüſſen wurde Kamarina von den Türken erſtürmt. Die Griechen zogen ſich in die dahinter= liegende Kirche zurück, welche gleichfalls von den Türken erſtürmt wurde. Die Griechen, welche große Verluſte erlitten, zogen ſich nunmehr über Claro=Tepe in das Thal bis zur Brücke des heiligen

Georgius zurück, wo sie einen verzweifelten Angriff unternahmen, der jedoch von den türkischen Truppen zurückgewiesen wurde. Die Griechen eilten hierauf in wilder Flucht davon.

An demselben Tage wurde von Thessalien aus Volo bekannt, daß nach dem Auslaufen des griechischen Geschwaders das französische, das italienische und das englische Stationsschiff im Hafen von Volo verblieben. In der Stadt selbst, die militärisch besetzt war, herrschte Ruhe. Die Türken hatten auf den Volo umgebenden Höhen Stellung genommen. In der Stadt wurden viel Waffen und Schießbedarf, auch Pulver und Lazarethmaterial gefunden. Die Einwohner von Volo blieben im Orte; sie begrüßten die Türken respektvoll und hießen sie willkommen. Zahlreiche Häuser waren mit Flaggen in den französischen und italienischen Farben geschmückt; fast alle Magazine waren geschlossen. Die griechischen Matrosen hatten die Hauptmaschinentheile der Lokomotiven herausgenommen, so daß dieselben unbrauchbar geworden waren. Die Türken, obwohl ermüdet, rückten in guter Ordnung in die Stadt ein. Der türkische Befehlshaber richtete einen Aufruf an die Bevölkerung, um sie zu beruhigen und die Kaufleute zu bitten, ihre Magazine wieder zu öffnen. Die türkischen Offiziere beklagten sich über den geringen Widerstand der Griechen und meinten, es sei kein Krieg, sondern ein einfacher Marsch.

Das türkische Hauptquartier, welches die Nacht vom 9./10. in Beleſtino geblieben war, beabsichtigte, am 10. Mai nach Pharsala zu gehen. Alle Pharsala beherrschenden Berge waren von den Türken besetzt.

13. Vermittelungsverhandlungen der Mächte. Weitere Ereignisse auf dem Kriegsschauplatze.

Unterdessen war die Vermittelung der Mächte so weit gediehen, daß nach Erfüllung der deutscherseits gestellten Vorbedingungen (Zurückberufung der Truppen aus Kreta und Anerkennung der Autonomie dieser Insel) durch die griechische Regierung sich auch Deutschland dem gemeinsamen Vorgehen anschloß, weshalb der kaiserliche Gesandte in Athen, Frhr. v. Plessen, angewiesen wurde, sich an den Ermittelungsverhandlungen zu betheiligen. Die Note der Mächte, welche am 11. Mai von dem russischen Gesandten Onou an den Minister des Auswärtigen Skulubis überreicht wurde,

hatte folgenden Wortlaut: „Auf die Erklärung Griechenlands, daß
es seine Truppen von Kreta zurückzieht und der Autonomie der
Insel in aller Form zustimmt, sowie daß es ohne Vorbehalt die
Rathschläge der Mächte annimmt, interveniren diese bei dem griechisch=
türkischen Konflikte im Interesse des Friedens."

Die griechische Regierung beantwortete die Note mit der Er=
klärung, sie vertraue die Interessen Griechenlands den Händen der
Mächte an.

Wenn die griechische Regierung so lange gezögert hatte, die
Truppen aus Kreta abzuberufen, so geschah das ohne Zweifel aus
Furcht, daß die Athener Bevölkerung eine solche Maßnahme mit
großer Entrüstung aufnehmen würde. Sie schien sich aber über die
augenblicklich herrschende Volksstimmung arg getäuscht zu haben,
denn fast alle Athener Blätter nahmen die Zurückberufung mit Re=
signation auf. Man war demnach nicht nur in Regierungskreisen,
sondern auch in den großen Massen des Volkes nach und nach zur
Besinnung gelangt und sah ein, daß die Fortsetzung des Wider=
standes eine Unmöglichkeit sei, und, was bezeichnend war, der Unwille
schien sich jetzt allgemein gegen die Ethnike Hetairia, jene griechische
Patriotenliga, zu richten, welche das Land durch ihre chauvinistischen
Umtriebe in eine geradezu kritische Lage gebracht hatte, während sich
ihre Hauptführer mit den ihnen zu patriotischen Zwecken anvertrauten
Geldern die eigene Tasche füllten.

Vom Kriegsschauplatze wurde am 11. Mai bekannt, es verlaute
in Lamia gerüchtweise, die türkischen Vorposten seien bei den Domokos
benachbarten Anhöhen bemerkt worden. Ein Detachement von
2000 Griechen wurde nach dem Nezero=See im Süden von Domokos
abgeschickt, um das dortige Defilee am Othrys=Gebirge zu decken.
Die Bemühungen des griechischen Generalstabes gingen dahin, die Ein=
schließung von Domokos durch die türkischen Truppen zu verhintern.
Am 10. Mai fand ein unbedeutendes Gefecht zwischen den beider=
seitigen Vorposten statt, jedoch vollführten die Türken Bewegungen,
welche einen Angriff erwarten ließen. Ein gleicher Angriff wurde
auch gegen die Truppen des Obersten Smolenski bei Armyro
erwartet, obgleich sich die Operationen wegen starker Regengüsse
sehr schwierig gestalteten. Die Lage der thessalischen Flüchtlinge,
welche sich an den Küsten von Euböa, in Armyro und anderen
Orten des griechischen Festlandes aufhielten, war eine sehr mißliche.
Die Regierung sandte deshalb Mehlvorräthe ab. Durch den herr=

schenden Regen wurden auch in Epirus die Operationen gehindert. Dort war die Stadt Arta mit Truppen und Flüchtlingen überfüllt. Typhus und Ruhr waren ausgebrochen, und das Entstehen einer ernsten Epidemie war wahrscheinlich.

Was die Stimmung in den türkischen Regierungskreisen an= belangt, so waren für dieselben die Auslassungen des türkischen Ministers des Innern, Membieh Pascha, bezeichnend, welche dieser bei einer Unterredung mit einem Korrespondenten that. Der Minister sagte etwa Folgendes: Was die Politik der Türkei nach dem Kriege betrifft, so stehe dieses Land trotz der Siege immer noch auf dem= selben Standpunkt, welchen es gleich anfangs kundgegeben habe. Die Türkei habe keinen Eroberungszug unternommen, sie wollte nicht den Ruhm ihrer Armee erhöhen. Die Türken hätten immer den Frieden gewollt, namentlich nachdem sie ernstlich begonnen hätten, Reformen einzuführen, um die Wohlfahrt und die Ruhe aller ihnen unterstehenden Völker zu sichern. Nur nothgedrungen, zur Ver= zweiflung gebracht durch das Vorgehen der Hellenen, durch die Ver= letzung türkischen Gebietes, die Verhöhnung türkischer Rechte hätte die Türkei den Krieg aufgenommen, um ihr Gebiet, ihre Rechte zu vertheidigen und durch den Krieg wieder zum Frieden zu gelangen. Er, der Minister, wünsche den schnellsten Friedensschluß, damit die Armee nicht wieder vorzurücken brauche. Die Türkei habe seit Beginn des Krieges enorme Kosten gehabt, deren Aufbringung ohne Anleihe Niemand in Europa für möglich gehalten hätte. Er spreche bloß von der Armee, man müßte aber noch die Verarmung des Volkes, die Handelsstörung bedenken; es sei daher natürlich, daß nach dem Friedensschlusse die Rechnung gemacht werden würde, welche der vor dem Völkerrecht Schuldige zahlen müßte. Aus diesen Aeußerungen des türkischen Ministers glaubte man schließen zu können, daß die Pforte sich zum Friedensschluß mit einer einfachen Kriegsentschädigung begnügen würde. Die Hauptschwierigkeiten bildeten in diesem Falle noch die Garantien, die der Türkei für die künftige Zahlung dieser Kriegsentschädigung seitens des damals völlig zahlungsunfähigen Griechenlands zu bewilligen waren.

Inzwischen hielten in Konstantinopel am 11. Mai die Bot= schafter eine Versammlung ab, in welcher in einem Ideenaustausch über die seitens Griechenlands nachgesuchte Friedensvermittelung eingegangen wurde, ohne daß irgend welcher Beschluß gefaßt wäre, da einige Botschafter keine Instruktion hatten. Jedoch war man in diplomatischen Kreisen der Meinung, daß der Friedensvermittelung ein Waffenstillstand vorangehen müßte, weil die Vermittelung sonst mit Schwierigkeiten verbunden sei. Es war vorauszusehen, daß gerade diese Waffenstillstandsfrage für die vermittelnden Mächte die erste ernste Schwierigkeit bilden würde, da schon in diesem Punkte die Ansichten in beiden Lagern auseinander gingen. Den Griechen war bei der augenblicklichen, für sie so kritischen militärischen Lage der sofortige Abschluß eines Waffenstillstandes natürlich sehr er= wünscht. Die Türken dagegen, die im weiteren Vormarsch begriffen waren und nirgends mehr auf ernsten Widerstand stießen, hatten durchaus keinen Grund, inmitten ihrer Erfolge Halt zu machen, um so weniger, da sie bei den bevorstehenden Friedensverhandlungen um so günstiger gestellt waren, je mehr feindliches Gebiet sie als Unterpfand für die von ihnen zu erhebenden Ansprüche besetzt hielten. Die türkische Regierung war daher auch durchaus nicht geneigt, vor dem Präliminarienabschlusse die Feindseligkeiten völlig einzustellen, zumal sie befürchtete, daß Griechenland eine Waffen= stillstandsfrist zur neuen Sammlung seiner Truppen benutzen und nach einem eventuellen Scheitern der Friedensverhandlungen eine weitere Fortsetzung des Krieges versuchen würde.

Was die Friedensbedingungen selbst anbetraf, so schien die Türkei vor Allem eine Kriegsentschädigung, aber außerdem eine Grenzregulirung zu beanspruchen. Nach den Berechnungen der Pforte dürften sich die Kriegskosten der Türkei, wie schon gesagt, auf 10 Millionen türkische Pfund stellen, und es wurde die Zahlung dieser Summe durch Griechenland in Annuitäten, welche durch die Verpfändung der Einkünfte Thessaliens sicherzustellen wären, in Aussicht genommen. Auf Grund dieser Annuitäten könnte die türkische Regierung eine neue Anleihe aufnehmen, welche zur Be= gleichung der Kriegskosten zu dienen hätte. In den türkischen militärischen Kreisen hielt man die Regulirung der türkisch=griechischen Grenze in Thessalien für absolut unerläßlich, um so mehr, als die jungtürkische Partei zweifellos eine sehr nachdrückliche Pression auf den Sultan ausüben würde, um ihn an der Annahme unzureichender Friedensbedingungen zu verhindern.

Daß es der Türkei in der That nicht so eilig mit der Ab= schließung eines Waffenstillstandes war, ging daraus hervor, daß weitere Nachrichten vom Kriegsschauplatze eintrafen.

Die Rekognoszirungen der Türken gegen Domokos und Armyro

wurden fortgesetzt, wenn auch bis zum 11. Mai an beiden Orten noch keine kriegerische Aktion stattgefunden hatte. Die Griechen hatten die Hügel rechts und links von Domokos mit Wachtposten besetzt, und zwei Gebirgs=Batterien wurden für den 11. Mai aus Lamia erwartet. Der Verkehr auf der Straße Lamia—Domokos war stellenweise infolge des strömenden Regens sehr schwer geworden. In der griechischen Armee trat das Verlangen nach Frieden immer stärker zu Tage, kein Wunder deshalb, daß mit einer solchen Armee eine energische Kriegsführung zur Unmöglichkeit wurde. Am 12. Mai wurde von den Türken eine amtliche Kundgebung betreffend die Verwaltung des okkupirten griechischen Gebiets erlassen, in welcher Folgendes bestimmt wurde: Ein aus der Gendarmerie der Vilajets Monastir und Saloniki kombinirtes, aus Landsturmpflichtigen des Grenzgebietes sich rekrutirendes Bataillon wird nach Larissa geschickt. Die früheren türkischen Konsuln in Larissa, Volo und Trikala werden zu Kaimakans auf ihren früheren Posten ernannt mit dem Auftrage, das Gemeindewesen, die Administration der Städte in dem betreffenden Rayon, die Ortspolizei und das Zollwesen zu organisiren.

Auf dem epirotischen Kriegsschauplatze beschoß das griechische Westgeschwader am 10. Mai die Ortschaft Sikya an der Küste von Epiros, wo sich einige türkische Proviantniederlagen befanden. Am 11. Mai flüchteten alle noch in Epirus befindlichen griechischen Truppen infolge des Vorrückens der Türken nach Arta; dabei wurden 3000 Gewehre, 300 Kisten Patronen und 1 Gebirgsgeschütz zurückgelassen.

Die Disziplin der türkischen Truppen war in allen bisherigen Kämpfen eine vorzügliche gewesen, auch war die Verpflegung für dieselbe eine ausreichende, obwohl in dieser Hinsicht Schwierigkeiten sich bei dem weiteren Vormarsche leicht ergeben konnten. Die beiden Etappenstraßen Sorovitsch und Karaferia nach Elassona und Katerina nach Elassona waren zwar höchst einfach, genügten aber völlig. Von den Divisionskommandanten galten Hairi Pascha und Hakki Pascha als die tüchtigsten, auch Omer Neschat Pascha, der sich schon im letzten Konflikt mit Griechenland 1885/86 hervorgethan hatte, wurde für tüchtig gehalten.

Wie vorauszusehen war, hatte in Athen die Rückberufung der Truppen von Kreta und das Zugeständniß der Autonomie, trotzdem die Nachricht davon mit Resignation aufgenommen war.

dem Ansehen der Krone ungemein geschadet, da das Volk davon überzeugt war, daß König Georg sich bei der Besetzung Kretas auf irgend eine europäische Macht berufen konnte. Auch aus Konstantinopel wurde bekannt, daß dort Verstimmung wegen der Intervention der Großmächte herrschte, da man wegen des Friedensabschlusses lieber direkt mit Griechenland verhandelt hätte. Am 15. Mai, nachmittags 3 Uhr, wurden in Kanea die griechischen Truppen auf drei Dampfern nach Athen eingeschifft, während an demselben Tage türkischerseits noch je vier Bataillone von Diskata und Janina und sechs Bataillone von Larissa gegen Kalabaka (Endstation der Eisenbahnlinie Trikala—Pharsala) marschirten, wo eine neue Division formirt werden sollte, die entweder die umliegenden Gebirge von den noch immer dort befindlichen Abtheilungen griechischer Truppen und Irregulärer säubern oder auch nur die Bahnlinie schützen sollte. Außerdem sollte die Vereinigung der Armee Edhem Paschas mit dem in Epirus operirenden Korps demnächst erfolgen.

Da nach dem Rückzuge von Pharsala die Erbitterung über die bisherige Kriegsleitung des Kronprinzen immer mehr stieg, gab der Ministerpräsident Ralli in Athen am 12. Mai folgende Erklärung ab: Bei Pharsala standen den 65 000 Türken nur noch 25 000 Griechen gegenüber, außerdem hatten die Türken die dreifache Zahl von Kanonen in den Kampf geführt. Wäre das griechische Heer nicht zurückgegangen, so wäre es vollständig umzingelt worden, die griechische Regierung billige daher den Rückzug auf Domokos vollständig. Dagegen habe dieselbe dem Kronprinzen den bindenden Befehl ertheilt, nöthigenfalls die Stellungen um Domokos und die Pässe des Othrys-Gebirges bis zum letzten Mann zu vertheidigen. Oberst Smolenski habe der Regierung und dem Kronprinzen die Erklärung gesandt, er werde, solange ihm das Kommando über seine Brigade belassen werde, keinem Befehle zum Rückzuge über die Bergkette von Armyro nachkommen.

14. Ueberreichung der Note der Mächte an die Türkei und weitere Ereignisse.

Inzwischen hatten am 12. Mai sämmtliche Konstantinopeler Botschafter von den betreffenden Regierungen Instruktion erhalten und versammelten sich infolgedessen gegen Mittag zu einer Be-

fprechung. Am Nachmittage wurde der Pforte eine Verbalnote
überreicht, welche befagte, Griechenland habe um die Friedens=
vermittelung der Mächte nachgefucht; die Mächte ihrerfeits beantragten,
um erfolgreich vermitteln zu können, die Einftellung der Feindfelig=
keiten. Auf Grund diefer von den Mächten eingereichten Verbalnote
wurde am 13. Mai unter dem Vorfitze des Sultans im Yildiz=Kiost
ein Minifterrath abgehalten. In demfelben wurde zwar der Schritt
der fremden Botschafter entgegenkommend aufgenommen, vorläufig
aber keine Antwort ertheilt. Diefe Verzögerung wurde in diplo=
matifchen Kreisen damit erklärt, daß die Pforte erst die im Zuge
befindlichen militärifchen Operationen, welche durch Terrainschwierig=
keiten und starke Regengüffe etwas verzögert wurden, beenden und
fich vor Einftellung der Feindfeligkeiten eine günftige Demarkations=
linie für den Waffenftillftand schaffen wollte. In diplomatifchen
Kreisen war man der Anficht, daß diefes Beftreben der Pforte ge=
rechtfertigt fei und daß man den Sieger nicht zwingen könne, die
Operationen plötzlich abzubrechen und auf der schwierigften Anmarsch=
linie im Gebirge stehen zu bleiben, um dort eine ungünftige
Demarkationslinie einzunehmen. Die Mächte könnten den un=
geduldigen Reklamationen Griechenlands in diefer Hinficht, welches
hoffte, daß die türkifche Offenfive schon vor Domokos eingestellt
werde, nicht entfprechen, Griechenland müffe der Lage Rechnung
tragen und das Ergebniß der Vermittelung durch die Mächte ab=
warten. Die Mächte, welche die Friedensvermittelung unter der
Bedingung übernommen hätten, daß Griechenland die Friedens=
bedingungen annähme, feine Truppen von Kreta zurückziehe und die
Durchführung der Autonomie für Kreta nicht weiter störe, würden
die Intereffen Griechenlands nach Möglichkeit schützen, könnten jedoch
der Pforte nicht zu der fofortigen, militärifch unmöglichen Einftellung
der bereits begonnenen Gebirgsoperationen veranlaffen.

Den in dem Vorftehenden enthaltenen Erwägungen konnte man
nur beiftimmen. Die Türkei war durchaus im Recht, wenn fie
ihren Siegeslauf nicht an einer Stelle hemmen wollte, die dem
Befiegten am beften paßte, fondern wenn fie fich in eine militärifche
Situation zu verfetzen trachtete, in der fie die weitere Entwickelung
mit Ruhe erwarten konnte, ohne die bisherigen militärifchen Erfolge
preiszugeben.

Während nun die Diplomaten unterhandelten, fetzten in Theffalien
die Türken ihren Vormarfch fort. Es schien, als ob diefelben zum

Angriff auf Domokos schreiten wollten, wo die Stellung der Griechen keineswegs eine so gesicherte war, wie sie bisher behauptet hatten. Im Gegentheil sagte man, daß die Stellung, wenn auch in der Front stark, auf den Flanken der Umgehung ausgesetzt sei, und es war anzunehmen, daß im Falle einer solchen Umgehung die Niederlage des griechischen Heeres eine vollkommene sein würde. Zwar wurde aus Athen über neue Gefechte und Truppenlandungen in Epirus berichtet, jedoch war diesen Vorgängen bei der so kritischen Lage des griechischen Haupttheeres in Thessalien kaum irgend welche Bedeutung beizumessen. Am 14. Mai erhielten die Botschafter von der Pforte auf das Anerbieten einer Vermittelung der Mächte die Antwort, es werde dem Sultan nach dem Beiram-Feste möglich sein, in die Behandlung dieser Frage einzutreten.

Trotzdem nun die Griechen die Vermittelung der Mächte angerufen hatten, waren sie doch noch immer nicht zur Besinnung gekommen, denn kaum hatten sie durch die Annahme der von den Mächten gestellten Forderungen die Einleitung der Friedensvermittelung ermöglicht, so boten sie von Neuem Alles auf, durch ein möglichst anmaßendes Benehmen die Vermittelungsversuche gleich von vornherein zum Scheitern zu bringen. Die griechische Regierung erhob nämlich Vorstellungen bei den Gesandten in Athen, weil es den Kabineten nicht innerhalb 24 Stunden gelungen war, die Türken zu dem von Griechenland gewünschten Abschluß eines Waffenstillstandes zu bestimmen. Der frühere Ministerpräsident Delyannis erklärte sogar, Griechenland werde niemals eine Kriegsentschädigung zahlen, und um das Maß voll zu machen, ergriffen die Griechen im Augenblick, wo die Botschafter mit der Pforte über eine Waffenruhe unterhandelten, in Epirus wieder die Offensive, landeten Truppen bei der Luros-Mündung, bedrohten aufs Neue Prevesa und Nikopolis und führten durch ihren Angriff ein ziemlich heftiges Gefecht bei Gribovo (nordöstlich von der Luros-Mündung) herbei. Bei letzterem Orte geriethen zwei griechische Brigaden mit zahlreichen Kanonen, zwei Kompagnien Pioniere und eine Schwadron mit den Türken, die fast gar keine Artillerie hatten, in Kampf. Die Griechen warfen die ersten Reihen der Türken, begegneten dann aber einem heftigen Widerstande, an mehreren Orten wurden die Soldaten handgemein. Die Truppen standen so nahe gegenüber, daß die Artillerie nicht eingreifen konnte. Die Griechen hatten nach ihren eigenen Angaben einen Verlust von 558 Todten und Verwundeten, darunter 33 Offiziere,

während die Türken nur 7 Offiziere und 85 Mann Todte, 6 Offiziere
und 272 Mann Verwundete verloren, und schließlich wurden die
Griechen nach hartnäckigem Kampfe zurückgeschlagen.

Selbstverständlich beeinflußte dieses neue offensive Vorgehen die
Dispositionen der Pforte sehr ungünstig, und auch in den Kon=
stantinopeler diplomatischen Kreisen war man mit Recht über dies
Gebaren des Athener Kabinets ungehalten, da hierdurch die Ver=
mittelungsarbeit der Botschafter nur erschwert werden konnte. Die
Vertreter der Mächte in Athen richteten denn auch an die dortige
Regierung wegen der neuen Operationen in Epirus Vorstellungen,
worauf die griechische Regierung einfach erwiderte, daß sie durchaus
nicht verpflichtet sei, ihre militärischen Operationen einzustellen, so=
lange die Türkei noch keinen Waffenstillstand angenommen hätte.
Die bisherigen Niederlagen hatten offenbar noch immer nicht ab=
kühlend genug auf die Gemüther in Athen gewirkt.

Uebrigens schien man sich in Konstantinopel über den lang=
samen Gang der Dinge auf dem thessalischen Kriegsschauplatze zu
wundern, denn wenn auch vom Minister des Aeußern dem Doyen
der Botschafter die Einnahme von Domokos angekündigt war, so
verlautete doch bis zum 15. Mai nichts Amtliches darüber. Man
vermuthete deshalb, daß die Operationen um Domokos noch nicht
beendet waren oder daß der weitere Vormarsch geheim gehalten
werden sollte. Der Privat=Depeschenverkehr mit dem Kriegsschau=
platze war zwar vollständig aufgehoben, jedoch erhielt Edhem Pascha
in den letzten Tagen wiederholt die dringendsten Befehle, die Ope=
rationen zu beschleunigen und, wenn irgend möglich, bis zur alten
türkisch=griechischen Grenze vorzurücken. Die Verzögerung der
Türken in ihren Unternehmungen erklärte sich wohl auch mit daraus,
daß dieselben durch den in den letzten Tagen fallenden Regen auf=
gehalten wurden. Trotzdem zeigte sich am 15. Mai ein türkisches
Kavallerie=Detachement vor Domokos, mußte sich aber vor dem Feuer
der griechischen Vorposten zurückziehen.

15. Antwort der Pforte auf die Verbalnote der Mächte.

In der Nacht vom 15. zum 16. Mai löste die Pforte ihr Ver=
sprechen ein, die Verbalnote der Mächte bezüglich der Friedensver=
mittelung nach dem Beiram=Feste zu beantworten. Nachdem am
15. das Fest zu Ende gegangen war, stellte sie noch in derselben

Nacht den Botschaftern die Bedingungen für den Abschluß einer Waffenruhe und des Waffenstillstandes zu. In denselben sagte die Pforte:

„Sie mache die Einstellung der Feindseligkeiten von der Annahme folgender Grundprinzipien für den Abschluß eines Waffenstillstandes und des Friedens abhängig: Zahlung einer Kriegsentschädigung von 10 Millionen Pfund, Wiederherstellung der alten Landesgrenze von 1881, Erneuerung der Verträge für die griechischen Unterthanen in der Türkei auf Grund des internationalen Rechts, Abschließung eines Kartellvertrages für die Auslieferung gemeiner Verbrecher, ferner Freilassung des Hafens von Volo und Preveza für den Verkehr mit dem Beginn des Waffenstillstandes. Die Bevollmächtigten haben in Pharsala zusammenzukommen!"

Hieraus ging zunächst hervor, daß die Türkei nicht geneigt war, sich zum Abschlusse eines Waffenstillstandes zu verstehen, bis sie nicht die Gewißheit hatte, daß die von ihr gestellten Friedensbedingungen wenigstens in den Grundzügen von Griechenland acceptirt würden. Natürlich handelte es sich bei den am 15. Mai formulirten Bedingungen nur um einen ersten Vorschlag der Pforte, in welchem diese recht hohe Ansprüche stellte, um schließlich möglichst viel zu erlangen. Dieser Ansicht war man auch in Konstantinopeler diplomatischen Kreisen, denn man sagte dort, das letzte Eindringen der Griechen in Epirus sei der Pforte sehr gelegen gekommen, um die hochgestellten Bedingungen für den Waffenstillstand und Friedensabschluß zu motiviren. Jedoch glaubte man schon damals, daß der Pforte nur eine entsprechende Kriegsentschädigung, einige kleine Grenzberichtigungen und eine Aenderung der den Griechen in der Türkei zustehenden Vertragsrechte gewährt werden könne. Eine Kriegsentschädigung und auch eine Grenzberichtigung, welche die Türkei gegen künftige griechische Einfälle schützte, waren allerdings Forderungen, die Jedem als durchaus berechtigt erscheinen mußten. Ebenso mußten der Türkei, da Griechenland absolut zahlungsunfähig war, gewisse Garantien für die Zahlung der Kriegsentschädigung gewährt werden. In Konstantinopeler militärischen Kreisen sollte man beabsichtigt haben, zu diesem Zwecke Thessalien als Unterpfand so lange besetzt zu halten, bis die Kriegsentschädigung völlig gezahlt worden wäre. Die Kabinete schienen aber eine andere Kombination

vorzuziehen, nämlich die Stellung der griechischen Finanzen unter
europäische Kontrole, wodurch gleichzeitig auch den früheren Gläu=
bigern Griechenlands ihre Rechte gewährleistet würden.

Was nun die Vorgänge auf dem Kriegsschauplatze anbelangt,
so wurde der vom türkischen Oberkommando gefaßte Entschluß,
Domokos zu nehmen, trotz der anscheinenden Unthätigkeit doch eifrig
verfolgt. Zahlreiche Bataillone waren als Verstärkung in Larissa
eingetroffen. Erkundungen der griechischen Stellungen und Bewe=
gungen wurden fleißig ausgeführt. Die durch das regnerische Wetter
schwer passirbaren Straßen verzögerten jedoch den von den Offizieren
lebhaft gewünschten Vormarsch der Türken. Ein Vorpostengefecht,
welches am 13. Mai bei dem Dorfe Tschaerti stattgefunden hatte,
war ohne Bedeutung gewesen, so daß zwei zur Unterstützung ge=
sandte Bataillone wieder nach Pharsala zurückkehren konnten. Zwei
griechische Deserteure, darunter ein Unteroffizier, welche als Führer
im Hauptquartier verwendet wurden, sagten aus, daß 25 000 Griechen
Domokos befestigten. Das Leben in Pharsala selbst war schwierig,
da sich die Abwesenheit der Einwohner und der Durchmarsch der
Truppen fühlbar machten. Hassan Pascha, der Kommandant von
Pharsala, und die anderen Behörden, welche gegen die Fremden sehr
zuvorkommend waren, bemühten sich jedoch, Lebensmittel zu beschaffen.

In Epirus endeten die letzten Kämpfe bei Gribovo mit einer
vollständigen Niederlage der Griechen. Auch mußten griechische
Kanonenboote bereits die regulären und irregulären Truppen, welche
Nikopolis und Preveza angegriffen hatten, an Bord nehmen, so daß
die Feindseligkeiten auch in Epirus ganz eingestellt zu sein schienen.

Natürlich machte die griechische Regierung in einer Note an
die Gesandten der Mächte für die Vorgänge in Epirus das türkische
Heer verantwortlich, welches durch die Befestigung von Gribovo
einen Vorstoß in die Gegend von Arta zu machen suchte, ferner
wurde in dieser Note gesagt, daß die vom Oberkommando an=
geordneten Bewegungen zur Vertheidigung nothwendig gewesen
wären. Gleichzeitig theilte die griechische Regierung mit, daß nach
ihr zugegangenen Mittheilungen die Pforte kleinere Schiffe zu dem
Zwecke anwerbe, um gegen griechische Schiffe Seeräuberei zu treiben;
Griechenland sei entschlossen, hiergegen mit seiner Flotte thatkräftig
vorzugehen. Im Uebrigen seien die Truppenführer in Thessalien
und Epirus angewiesen worden, sich streng in der Defensive zu
halten.

Von den aus Kreta zurückgekehrten griechischen Offizieren trafen am 16. Mai mehrere in Domokos ein, wo inzwischen das Regenwetter viele Krankheitsfälle verursacht hatte. Wie schon erwähnt, war am 15. Mai der erste Theil griechischer Soldaten, 1100, nach Griechenland abgegangen. Geschütze, Schießvorräthe und Maulthiere mußten des Seeganges wegen in der Suda-Bai eingeschifft werden; dieselben wurden unter der Eskorte europäischer Truppen dorthin gebracht. Die zweite Abtheilung der griechischen Truppen wurde ebenfalls am 15. Mai von Kreta zurückberufen, während die Abberufung des dritten und letzten Theiles demnächst zu erwarten war. Mittlerweile war auch wieder ein Wechsel in dem Oberkommando des griechischen Heeres eingetreten. Am 16. Mai reiste der frühere Kriegsminister, Oberst Smolenski, welcher den Obersten Manos bei der epirotischen Armee ersetzen sollte, von Athen nach Arta ab. Major Constantinidis wurde zum Chef des Generalstabes der epirotischen Armee und Oberstlieutenant Limbritis zum Chef des Generalstabes der Armee des Kronprinzen ernannt. Am 15. trafen die bisherigen Adjutanten des Kronprinzen, welche aus Thessalien zurückberufen worden waren, im Piräus ein, wobei sie einige Zuschauer, welche der Ausschiffung beiwohnten, mit ironischen Beifallsrufen empfingen.

Was die Lage der griechischen Armee bei Domokos anbetrifft, so wurde dieselbe von Tag zu Tag mißlicher. In Larissa erzählten dort eingetroffene griechische Deserteure, daß die griechischen Truppen großen Mangel an Munition und Proviant zu leiden hätten. Von der 25 000 Mann starken Armee waren 2000 Mann bereits desertirt. Die Verproviantirung geschah von Lamia aus. Da die Soldaten auch nachts unter freiem Himmel lagen, war naturgemäß der Gesundheitszustand ein sehr schlechter. Trotzdem Garibaldi, welcher mit 1200 Mann in Domokos angekommen war, erklärte, er sei der einzige fähige General, so waren doch seine Truppen die reinen Banditen. Im griechischen Heere herrschte große Unzufriedenheit; die Stellung bei Domokos war sehr kritisch, es fehlte besonders an Artillerie. Die Soldaten nahmen eine feindliche Haltung gegen die Offiziere an und grüßten nicht einmal den Kronprinzen. Man befürchtete, daß die Freiwilligen sich als Räuber niederlassen würden. Auch unter den Offizieren war die Unzufriedenheit groß. Außerdem fehlte es an Aerzten, da sich z. B. in Volo nach dem Rückzuge von Larissa alle griechischen Aerzte aus dem Staube gemacht hatten

Auch in Epirus erwies sich infolge der unerwarteten Verluste der Sanitätsdienst als unzureichend, es fehlte überall an Aerzten; ferner gestaltete sich der Transport der Truppen sehr schwierig. Der Kommandant in Epirus ersuchte daher dringend um Abhülfe.

16. Einnahme von Domokos durch die Türken, Abschluß des Waffenstillstandes.

Inzischen traf am 17. Mai in Athen ein Telegramm des Kronprinzen ein, nach welchem die türkischen Truppen an diesem Tage früh 8½ Uhr im Anmarsch gegen Domokos erschienen waren. Der Angriff derselben richtete sich gegen die beiden Flügel der griechischen Armee, namentlich aber gegen den linken. Um Mittag befanden sich die türkischen Truppen in einer Entfernung von etwa 7 km von den griechischen Truppen, und es schien so, als ob die Türken aus Pharsala weitere Verstärkungen erwarteten. Der Kronprinz telegraphirte weiter, seine Armee behauptete ihre Stellungen tapfer bis 2 Uhr, er selbst habe am Kampfe theilgenommen. Um 5 Uhr nachmittags wurde gemeldet, daß die Türken außer gegen Domokos auch gegen Armyro, wo die Brigade Smolenski stand, ihre Angriffe richtete. Sofort nach Eingang dieser Nachrichten stattete der Ministerpräsident Ralli allen Vertretern der Mächte Besuche ab, um sich bei denselben wegen des Angriffes der Türken gegen Domokos zu beschweren, da Griechenland auf das Verlangen der Mächte sowohl in Epirus wie in Thessalien eine streng defensive Haltung beobachtet hätte (!).

Während so bei Domokos der Kampf begonnen hatte, auf den wir noch weiter unten zurückkommen, fand am 17. Mai in Konstantinopel eine Versammlung der Botschafter statt, in welcher das gesammte diplomatische Korps das Verlangen der türkischen Kriegsentschädigung als übertrieben hoch und unerfüllbar bezeichnete. Namentlich sei die verlangte Gebietsabtretung, ausgenommen eine militärisch nothwendige Grenzberichtigung, nicht annehmbar. Man glaubte, der vierte Theil der beanspruchten Kriegsentschädigung wäre mehr als genügend; dagegen wäre eine türkische Okkupation Thessaliens bis zur Zahlung der Kriegsentschädigung oder bis zur Leistung einer anderen Garantie zu erwarten.

Mittlerweile hatten sich auf dem thessalischen Kriegsschauplatz wichtige Vorgänge ereignet, welche den weiteren Rückzug der griechischen

Armee veranlaßten. Die Schlacht bei Domokos hatte die Umgehung des rechten griechischen Flügels und die Wegnahme von Armyro zur Folge, welche die griechische Armee zum weiteren Rückzuge in der Richtung auf Lamia zwang. Am 17. Mai morgens erschienen die türkischen Truppen im Ausmarsch gegen Domokos und richteten zunächst ihren Angriff gegen die beiden Flügel der dortigen griechischen Aufstellung, namentlich aber gegen den linken Flügel. Auch fand ein gleichzeitiger Angriff gegen die bei Armyro stehende Brigade Smolenski statt. Die eingetroffenen Athener Meldungen gestanden zwar den Rückzug der Brigade Smolenski nach dem etwa 15 km südlich von Armyro gelegenen Surpis zu, sagten aber gleichzeitig aus, daß das griechische Hauptheer die Türken zwang, sich nach Pharsala zurückzuziehen. Doch traf bald darauf schon die Nachricht ein, daß die Griechen auf die Gebirgsausläufer an der alten Grenze von Othrys zurückgegangen seien, und am 18. Mai früh wurde aus Lamia telegraphirt, daß Domokos von den Griechen geräumt sei.

Auf beiden Seiten waren die Verluste im Kampfe von Domokos ziemlich beträchtlich; während die Griechen nach ihren eigenen Angaben 220 Todte und Verwundete verloren, war der Verlust der Türken ein noch größerer. Unter den griechischen Verwundeten befand sich auch der Oberst Mavromichalis und Cipriani, der Führer der italienischen Freischaar. So hatte sich also auch dieses Mal wieder in wenigen Stunden ein angeblicher Sieg der Griechen als eine Niederlage herausgestellt, denn am 17. Mai 7 Uhr abends rückten die Türken in Domokos ein.

Nach Beendigung der Schlacht bei Domokos erhielt die Brigade Smolenski Befehl, nach dem Hafen von Nea Mintsela zu gehen; von dort aus wurde die Brigade auf Transportschiffen nach Stylis befördert, um auf dem Wege über Lamia zu dem Reste des Heeres zu stoßen. Das Ostgeschwader lag bei Nea Mintsela vor Anker, um den Rückzug des Oberst Smolenski zu unterstützen.

Am 18. Mai telegraphirte Edhem Pascha an den Kriegsminister, daß über Domokos die türkische Fahne wehe, und daß das türkische Hauptquartier dorthin verlegt sei. In Domokos wurden drei Gebirgsgeschütze, ein 12 cm Geschütz und große Vorräthe an Infanterie- und Artilleriemunition erbeutet.

Was die griechische Armee nach der Schlacht bei Domokos anbetrifft, so nahm der Kronprinz sein Hauptquartier bei den Thermopylen, die Armee stand bei Lamia und Molo an den Ther-

6*

mopylen und wurde durch die Brigade Smolensti und durch ein weiteres Korps unter Oberst Vassos verstärkt, welches schon von Athen abgegangen war. Um sich über den nunmehrigen Zustand des Heeres zu überzeugen, reiste am 19. Mai der Minister des Innern, Theotokis, nach Stylis ab. Inzwischen versuchten die Griechen in Epirus einen neuen Vorstoß von Arta aus gegen Prevesa, ohne Zweifel, um dort noch vor Thoresschluß ein kleines Gebiet als Gegengewicht gegen das von den Türken okkupirte thessa= lische zu gewinnen, sie wurden jedoch mit einem Verlust von 200 Mann zurückgeschlagen.

In Thessalien drangen die Türken bis nach Taratza (etwa 5 km nördlich von Lamia) vor, jedenfalls in der Absicht, ihre Okkupation Thessaliens wenn möglich noch bis Lamia auszudehnen.

So hatten die Griechen eine Stellung nach der anderen, erst den Meluna=Paß, dann Larissa, später Pharsala und schließlich Domokos verloren, und man hoffte im türkischen Heere schon, bis nach Athen zu kommen, als am 18. Mai an Edhem Pascha der Befehl erging, die Feindseligkeiten einzustellen. Somit war der eigentliche Krieg beendet — ein Krieg, der sicherlich nicht zu Stande gekommen wäre, wenn der Blockadevorschlag Seiner Majestät des Deutschen Kaisers vor Beginn des Krieges angenommen wäre. Was nun weiter aus Griechenland werden sollte, darüber war man sich vorläufig noch nicht klar, doch gaben England, Rußland und Frankreich an, daß sie nur dann Griechenland Hülfe leisten und es vor gänzlichem Ruin schützen würden, wenn König Georg auf dem Throne erhalten bliebe.

Mit dem neuen großen Waffenerfolge der türkischen Truppen bei Domokos hatten somit die militärischen Operationen auf dem türkisch=griechischen Kriegsschauplatze ihr Ende erreicht, denn auch in Berlin traf am 18. Mai die amtliche Meldung ein, daß der Sultan den Befehl zur Einstellung der Feindseligkeiten auf dem türkisch=griechischen Kriegsschauplatze gegeben habe.

Wenn die türkischen Truppen trotz der von den Mächten ein= geleiteten Vermittelung die militärischen Operationen bis zum 17. Mai fortgesetzt hatten, so mußten sich die Griechen das selbst zuschreiben. Denn es war verbürgt, daß der Sultan schon in der Woche vorher und zwar sofort nach dem der Pforte unterbreiteten Vermittelungs= vorschlage der Mächte an Edhem Pascha den Befehl ergehen ließ, die Vorwärtsbewegungen einzustellen. Dieser Befehl wurde aber rückgängig gemacht, nachdem am 14. Mai die Griechen plötzlich wieder in Epirus die Offensive ergriffen hatten. Die Griechen, die schon aus Epirus verdrängt worden waren, wollten offenbar vor Thoresschluß noch einen letzten Versuch machen, sich dort festzusetzen, um bei den Friedensverhandlungen eventuell die Besetzung des epirotischen Gebietes gegenüber der Besetzung des thessalischen seitens der Türken geltend machen zu können, und wohl um so mehr, da durch die Räumung Kretas ein bedeutendes Gegengewicht gegen die etwaigen türkischen Ansprüche weggefallen war. Die Griechen hatten aber auch dieses Mal wieder die Rechnung ohne den Wirth gemacht. Sie wurden in Epirus geschlagen, mußten das epirotische Gebiet völlig räumen und bewirkten nur, daß die Türken ihren Vormarsch in Thessalien fortsetzten und sie schließlich auch aus ihren Stellungen bei Domokos und Armyros vertrieben. Es war vorauszusehen, daß die Friedensverhandlungen jetzt unter noch ungünstigeren Umständen für Griechenland ausgeführt werden würden, und daß die Mächte infolge der letzten Erfolge der Türken noch schwere Arbeit haben konnten, die Pforte zu einer Herabminderung ihrer Forderungen zu bestimmen.

Am 18. Mai wurden die Verhandlungen über den Abschluß des Waffenstillstandes auf dem epirotischen Kriegsschauplatze ein= geleitet.

Nach dem Hissen der weißen Flagge in Arta erschien eine aus dem früheren türkischen Konsul in Arta und zwei türkischen Offizieren bestehende Abordnung an der Grenze bei der Brücke von Arta, um sich mit dem Oberst Manos zur Verhandlung über die Einstellung der Feindseligkeiten in Verbindung zu setzen. Oberst Manos hatte vom türkischen Generalstabschef eine Mittheilung bekommen, welche folgenden Wortlaut hatte:

„Unter der Bedingung, daß kein Soldat des hellenischen Königreichs, gleichviel von welcher Waffengattung, sich noch auf dem Gebiete des ottomanischen Kaiserreichs befindet, haben wir den Befehl erhalten, daß ein Waffenstillstand zu Wasser und zu Lande geschlossen werde.“

Als Antwort ließ die Regierung dem griechischen Kommandanten von Epirus den Befehl ertheilen:

„Wir ermächtigen Sie, die Feindseligkeiten einzustellen, um über die Bedingungen eines Waffenstillstandes zu ver= handeln.“

In ihrer Mittheilung des Vorschlages zu einem Waffenstill=
stande an die Gesandten der Mächte erklärte die griechische Regierung,
indem sie ihre Interessen der Fürsorge der Mächte anvertraue, sei
es nun an diesen, über die Bedingungen eines Uebereinkommens zu
verhandeln.

Auch auf dem thessalischen Kriegsschauplatze wurden jetzt seitens
der Führer der beiden Heere die ersten Schritte zum Abschlusse
eines Waffenstillstandes gethan. Am 19. Mai nämlich wurde um
10 Uhr morgens seitens der beiden feindlichen Heere die weiße
Flagge gehißt. Der griechische Kronprinz wurde bevollmächtigt,
die Feindseligkeiten einzustellen im Hinblick auf den Abschluß des
Waffenstillstandes.

In Lamia war am 18. Mai eine Panik entstanden, weil sich
das Gerücht verbreitet hatte, die Strafgefangenen seien freigelassen
worden. Das Einrücken einer griechischen Truppenabtheilung in
Lamia während der Nacht diente nur dazu, die Panik zu erhöhen.

Von den Herrschern der Mächte waren es besonders der
Kaiser von Rußland und Seine Majestät der Deutsche Kaiser,
welche im Sinne der sofortigen Gewährung eines Waffenstillstandes
direkt beim Sultan intervenirten. Der deutsche Botschafter in
Konstantinopel wurde sogar angewiesen, die Pforte zu ersuchen, eine
14 tägige Waffenruhe zu gewähren.

Nachdem der Ministerpräsident Ralli dem Kronprinzen von
dem in Arta abgeschlossenen Waffenstillstande Mittheilung gemacht
hatte, fügte er noch hinzu, daß die Grundlage des Waffenstillstandes
von Arta die Besetzung der von beiden Gegnern innegehabten
Stellungen sei. Gleichzeitig forderte die griechische Regierung den
Kronprinzen auf, dem Kommandanten des türkischen Heeres in
Thessalien einen Waffenstillstandsvorschlag zu machen. Daraufhin
traf eine griechische Abordnung mit dem Führer der dem Kron=
prinzen zunächst stehenden Truppen zusammen, der vorläufig in
eine Einstellung der Feindseligkeiten auf 24 Stunden willigte, bis
er vom Oberbefehlshaber Edhem Pascha die weiteren Anweisungen
erhalten hätte.

Diese Anweisungen trafen auch am 20. Mai ein, an welchem
Tage auf dem thessalischen Kriegsschauplatze ein Waffenstillstand
von 17 Tagen abgeschlossen wurde. Jedoch erhielten die Ober=
befehlshaber der türkischen Armeen in Thessalien und Epirus den
Befehl, nach Abschluß des Waffenstillstandes Feindseligkeiten streng
zu verhüten, die Truppen jedoch kampfbereit zu halten.

Es dürfte nicht uninteressant sein, an dieser Stelle eine Berechnung der der Türkei durch den Krieg verursachten Kosten anzu-
stellen. Es ergaben sich dabei folgende Hauptziffern:
Kosten der Bahntransporte der Truppen und des Kriegs-
materials 13 Millionen Francs. Hierzu kommen die Kosten der
Truppentransporte zur See im Betrage von rund 1 Million Francs,
so ergab sich somit im Ganzen ein Betrag von 14 Millionen Francs.
Die Erhaltungskosten der Truppen beliefen sich auf 9,2 Millionen Francs.
Von dem Ergebnisse der Armeesubskription wurden nach offiziellen
Angaben rund 160 000 Pfund verausgabt. Die sonstigen Ausgaben des Kriegsministeriums wurden auf 250 000 Pfund, die
Kosten des Landtransportes von den Endstationen der Eisenbahn
zur Operations-Armee auf 50 000 Pfund beziffert, wozu für den
Rücktransport ein gleicher Betrag einzustellen war, d. h. zusammen
510 000 Pfund. Von den Kosten der Anschaffung neuen Kriegs-
materials waren jedoch 50 Prozent abzuziehen, da dasselbe der Pforte
verbleibt, es ergab sich somit eine Schlußziffer für die Ausgaben
des Kriegsministeriums von 205 000 Pfund = 7 Millionen Francs.
Die Pensionen für Invalide oder Angehörige der Gefallenen beanspruchten 2 Millionen Francs an Kapital. Als Entschädigung für das
von der griechischen Flotte beschädigte Staats- und Privatgut dürften
2 Millionen Francs genügen. Es ergaben sich somit folgende runde
Summen: 14 + 9 + 7 + 2 + 2 Millionen = 34 Millionen Francs.
Rechnete man noch 2 000 000 als Korrektur für unrichtig berechnete
Posten hinzu, so kam eine Gesammtsumme von 36 Millionen Francs
heraus. Diese Berechnung, welche auf Grund der zur Verfügung
stehenden Daten gemacht worden war, konnte daher nur den Anspruch auf annähernde Richtigkeit erheben.

Bei den Griechen belief sich der durch die türkische Okkupation
Thessaliens verursachte Verlust auf 20 Millionen Francs, 10 weitere
Millionen waren zur Unterstützung der Bewohner von Thessalien
nöthig, außerdem wurde die Verminderung der Staatseinnahmen
seit Beginn des Krieges auf 30 Millionen Francs geschätzt.

17. Friedensverhandlungen.

Nachdem der Waffenstillstand abgeschlossen war, konnten nun
die Mächte die Verhandlungen mit der Pforte bezüglich der Friedensbedingungen in Angriff nehmen. Zwar hatte die Pforte ihre

Friedensbedingungen den Mächten schon eingereicht, jedoch zeigte sie sich insofern nachgiebig, als sie die letzthin gestellten Forderungen keineswegs als ein Minimum ansah und wohl geneigt war, be= züglich aller Punkte ziemlich weitgehende Konzessionen zu machen. So schien sie schon am 20. Mai auf eine Wiederabtretung Thessaliens verzichten und sich auch mit der Hälfte der anfangs von ihr ver= langten Kriegsentschädigung (also 5 Millionen Pfund) begnügen zu wollen. In Anbetracht der äußerst bedrängten Finanzlage Griechen= lands war es indeß wahrscheinlich, daß ihr nicht einmal diese Summe zugesprochen werden würde, zumal sich ja, wie wir gesehen haben, die Kriegskosten der Türkei nur auf 36 Millionen Francs beliefen. Der englische Vertreter der Mächte, Lord Salisbury, war denn auch der Ansicht, daß die seitens Griechenlands zu zahlende Kriegsentschädigung die Höhe von 3 Millionen Pfund nicht über= schreiten dürfe. Man erachtete es in England für wahrscheinlich, daß die Ziffer von allen Mächten als eine allen gerechten An= sprüchen vollkommen angemessene anerkannt werden würde.

In Griechenland war man allerdings anderer Meinung und wollte überhaupt keine Kriegsentschädigung zahlen.

Was nun die weiteren Friedensverhandlungen anbetrifft, so machte die Einmüthigkeit, mit welcher die Presse aller europäischen Länder sich über die Unannehmbarkeit der türkischen Friedens= bedingungen aussprach, in Konstantinopeler Regierungskreisen einen tiefen Eindruck, so daß bereits am 21. Mai Berathungen über eine Ermäßigung der Bedingungen stattfanden, obgleich seitens vieler einflußreicher hoher Offiziere und Civilbeamten versucht wurde, da= gegen Opposition zu machen, und auch in anderen türkischen Kreisen für die Ablehnung einer jeden Vermittelung beim Friedensschluß Stimmung gemacht wurde.

Inzwischen herrschte angesichts des bevorstehenden Friedens= abschlusses sowohl bei den griechischen wie bei den türkischen Truppen große Mißstimmung. Im türkischen Lager machte die Nachricht von dem abgeschlossenen Waffenstillstande bei den Truppen einen schlechten Eindruck. Diese beklagten sich über die Schwäche der Regierung, und zwar in einem solchen Maße, daß der Oberbefehls= haber strenge Maßregeln treffen mußte, um diese Klagen zu unter= drücken. Andererseits war bei den Griechen die Stimmung der Truppen Kampfesmüdigkeit und Erbitterung gegen den Kronprinzen. Ebenso war in Athen das Volk allgemein gegen die königliche

Familie aufgebracht, am meisten auch gegen den Kronprinzen, dem man rieth, vorderhand nicht nach Athen zurückzukehren. Man war dort grundsätzlich für die Republik und wäre auch bereit gewesen, sie einzuführen, wenn man nur dazu geeignete Männer gehabt hätte. Wenn der König und die Prinzessinnen die Verwundeten besuchten, gab es Gemurr und unliebsame Bemerkungen in den Krankensälen.

Mittlerweile hatten sich am 22. Mai in Konstantinopel die Botschafter zweimal versammelt, worauf sie über das Ergebniß der Verhandlungen an ihre Regierungen berichteten. Die Forderung der Abtretung Thessaliens wurde ohne Weiteres als indiskutabel verworfen, die Frage wegen Aufhebung der Kapitulationen (Verträge mit Griechenland) wurde im Prinzip abgelehnt und das Verlangen wegen Abschlusses eines Auslieferungsvertrages stillschweigend übergangen. Nur über die Höhe der Kriegsentschädigung fand eine längere Diskussion statt, in welcher sich ein Theil der Botschafter für 5, ein anderer Theil für 8 Millionen Pfund aussprach.

Ueberhaupt konnte man sich von den Friedensverhandlungen vorläufig wenig Erfolg versprechen, namentlich glaubte man in Athen trotz des Waffenstillstandes nicht an Frieden. Die Rüstungen wurden dort mit fieberhafter Eile fortgesetzt. Die griechische Regierung bestellte neuerdings in Fiume 1150 Pferde, welche Anfang Juni eintreffen sollten; ferner in Brescia 20 000 Gewehre. Die Stadt Athen rüstete sich zum Widerstande, die Forts wurden mit Kanonen versehen und die Festungswerke in Stand gesetzt.

Am 23. Mai wurde die Abgrenzung einer neutralen Zone zwischen dem türkischen und griechischen Heere vorgenommen, wodurch die beiderseitigen Heeresabtheilungen angewiesen wurden, so weit zurückzugehen, daß ein Raum von 800 m Breite zwischen den Vorposten frei blieb. Die Pässe waren in die neutrale Zone mit einbegriffen, mit Ausnahme des Phurka-Passes, der von den Türken besetzt blieb.

Am 25. Mai überreichten die Botschafter der Pforte eine Note, welche die Antwort der Mächte auf die türkischen Friedensbedingungen enthielt, nachdem sie die letzten Tage dazu benutzt hatten, um sich über die sowohl in Konstantinopel wie in Athen herrschende Stimmung zu unterrichten und sich hier wie dort im Voraus eine günstige Aufnahme ihrer Vorschläge zu sichern. In dieser Antwortnote wurde der Pforte für die Bewilligung des Waffenstillstandes

gedankt und mitgetheilt, daß die Botschafter mit den Friedens=
verhandlungen beauftragt seien. Bezüglich der Friedensverhandlungen
wurden in der Note folgende Grundsätze aufgestellt:

„Die Pforte soll berechtigt sein, eine zum Schutz gegen
räuberische Einfälle und aus strategischen Rücksichten ge=
botene Grenzberechtigung zu fordern; die Pforte soll ferner
berechtigt sein, eine Geldentschädigung zu fordern, die jedoch
den thatsächlichen Kriegskosten und Verlusten und den
finanziellen Kräften Griechenlands entsprechen muß; schließlich
soll, wenn die durch den Kriegszustand annullirten Verträge
eine Erneuerung erfordern, diese sich nicht auf die Griechen=
land seinerzeit durch die Mächte zugewiesenen Privilegien
erstrecken."

Am 31. Mai wurde der Waffenstillstand auf die Dauer der
Friedensverhandlungen verlängert, und die griechische Regierung
erließ in den ersten Tagen des Juni ein Rundschreiben, worin
ausgeführt wurde, Griechenland sei, nachdem es seine Sache den
Mächten anvertraut habe, bereit, sich ihrer Entscheidung zu unter=
werfen. Außerdem unterzeichneten am 4. Juni die beiderseitigen
Delegirten das Dokument, worin die näheren Bestimmungen des
Waffenstillstandes auch zur See festgesetzt wurden. Diese Bestimmungen
besagten Folgendes:

1. Die griechische Flotte verläßt die ottomanischen Gewässer,
wie deren Abgrenzung durch das Völkerrecht bestimmt wird.

2. Schiffe unter türkischer oder neutraler Flagge, welche aus
türkischen Häfen kommen oder nach türkischen Häfen gehen,
sowie diejenigen, welche sich innerhalb der durch den Waffen=
stillstand festgesetzten Linie befinden, dürfen nicht durchsucht
werden.

3. Es ist kein Transport von Truppen oder Munition für
die türkische Armee durch diese Häfen gestattet.

4. Die türkische Flotte darf die Dardanellen nicht verlassen,
und

5. Verstärkungen der Besatzung irgend einer Insel des Archipels
sind nicht gestattet.

Gleichzeitig wurden auch folgende Einzelheiten über die von
den Botschaften ausgearbeitete Verfassung für Kreta mitgetheilt,
welches ein autonomes Fürstenthum unter der Oberhoheit des Sultans
wurde:

A. Der Fürst sollte ein Christ und ein Fremder sein, erwählt von den Mächten und anerkannt vom Sultan. Er soll ein Vetorecht haben gegen alle von der Nationalversammlung angenommenen Gesetzentwürfe; ferner hat er das Recht, zu begnadigen und Amnestien zu erlassen, Beamte zu ernennen — Christen und Mohammedaner —, wobei persönliche Tüchtigkeit und lokale Bedürfnisse in Betracht zu ziehen sind. Schließlich steht demselben die oberste Kontrole über die bewaffnete Macht des Landes zu.

B. Die Nationalversammlung. Sie wird aus Christen und Mohammedanern zusammengesetzt, die getrennt im Verhältniß zu der Bevölkerungsziffer der beiden Konfessionen gewählt werden. Sie wird alle zwei Jahre und in besonderen Fällen einberufen. Ferner wird sie das Budget und alle Gesetze mit einfacher Mehrheit annehmen.

C. Finanzen. Direkte und indirekte Steuern ohne Ausnahme, die Einnahmen aus den Domänen, Salinen ꝛc., von Posten und Telegraphen, mit Ausnahme derjenigen, die fremden Regierungen oder Kompagnien gehören, werden dem Schatze der Insel zugeführt. Ein Tribut von 10 000 Pfund Sterling (200 000 Mark) wird jährlich nach Ablauf von fünf Jahren dem kaiserlichen Schatze gezahlt.

D. Die bewaffnete Macht. Die türkischen Truppen sollen nicht auf der Insel erhalten bleiben. Das Gendarmeriekorps, das, wenn nothwendig, unter dem Befehl von einem oder verschiedener fremder Offiziere stehen wird, soll mit der Aufrechterhaltung der Ordnung betraut werden unter dem Beistande von Abtheilungen fremder Truppen. Bei dem Abzuge dieser Abtheilungen und um deren Stelle einzunehmen, wird eine Lokalmiliz organisirt.

E. Die Sprache. Griechisch, das von allen Einwohnern gesprochen wird, soll die amtliche Sprache sein. Gesetze, Verordnungen und amtliche Kundgebungen werden gleichzeitig auch in türkischer Sprache veröffentlicht.

F. Die Flagge. Kreta wird seine eigene Flagge haben.

Diese Festsetzungen wurden am 24. August von einer in Kandia zusammengetretenen Nationalversammlung angenommen und dadurch die Autonomie für die Insel öffentlich erklärt.

Trotzdem es nun so schien, als ob die Friedensverhandlungen zu einem baldigen Abschluß kommen würden, fand doch allmählich eine immer weitergehende Verschleppung derselben statt. Die Türkei, welche anfänglich die Abtretung von ganz Thessalien verlangt hatte, mußte sich schließlich mit einer Grenzberichtigung begnügen, bei welcher den Griechen mit Ausnahme eines kutzowallachischen Dorfes kein bewohntes Gebiet abgenommen wurde. Trotzdem bekam die Türkei durch diese Berichtigung eine militärisch vorzüglich gesicherte Grenze, da sie durch dieselbe in den Besitz aller das Grenzgebiet beherrschenden Höhen und Pässe kam.

Ein weiterer Punkt, welcher Schwierigkeiten machte, war der über die Höhe der von Griechenland an die Türkei zu zahlenden Kriegsentschädigung. Griechenland war durch die schlechte Finanz= wirthschaft der letzten Jahre dem wirthschaftlichen Ruin nahe ge= kommen, und nun sollte es nach den Kosten des Krieges noch eine Kriegsentschädigung zahlen. Die Redaktion des die Kriegsentschädigung betreffenden Paragraphen war infolgedessen natürlich eine sehr schwierige, zumal die alten Gläubiger, namentlich Deutschland, darauf bestanden, daß durch die Zahlung der Kriegsentschädigung die früheren griechischen Staatsgläubiger nicht beeinträchtigt werden dürften und daher eine europäische Finanzkontrole für Griechenland einzuführen sei. In diesem Punkte und der damit zusammenhängenden Räumung Thessaliens war es wieder England, welches Schwierigkeiten machte, indem es die Bedingung stellte, daß die Städte Turnavos und Trikala sowie ihr Umgebungsgebiet nicht in jenes Gebiet einbezogen werden sollten, welches die türkischen Truppen bis zur vollständigen Abzahlung der Kriegsentschädigung besetzt halten dürften. Um den Türken eine gewisse Garantie den Griechen gegenüber zu geben, war nämlich festgesetzt worden, daß die Räumung Thessaliens eine allmähliche sein sollte und daß die letzten türkischen Truppen erst dann das Land zu verlassen hätten, wenn die Kriegsentschädigungs= summe ganz bezahlt wäre. Auch über die Höhe der Entschädigung konnte man sich nicht einig werden, bis dieselbe schließlich auf 4 Millio= nen türkische Pfund festgesetzt wurde. Das Schwierige war nun, aus welchen Mitteln Griechenland die Kriegsentschädigung bezahlen und dabei seine früheren Gläubiger auch befriedigen sollte. Es wurde zu diesem Zwecke eine besondere Kommission eingesetzt, welche die internationale Kontrole über die griechischen Finanzen ausüben sollte. Dieselbe hatte bestimmte Einnahmequellen Griechenlands, die für Verzinsung sowohl der türkischen Kriegsentschädigung als auch der europäischen Anleihen ausreichen mußten, zu verwalten und aus der Einnahme den Zinsdienst zu bestreiten. Wenn im Laufe der Zeit diese Einnahmen eine Erhöhung erführen, sollte diese auch den Gläubigern zu gute kommen. Um die griechischen Staats= ausgaben sollte die Kommission sich nicht zu bekümmern haben, ebenso wenig um die Einnahmequellen, die nicht besonders für den Schuldendienst in Anspruch genommen würden.

Die dritte ursprüngliche Streitfrage waren die Kapitulationen. Dieselben wurden nicht, wie die Türken verlangt hatten, den Griechen gegenüber aufgehoben, sondern sie erfuhren nur insofern eine kleine Aenderung, als nach der Bestimmung des Präliminarvertrages die Türkei mit Griechenland beim difinitiven Friedensschlusse verschiedene Abmachungen treffen sollte, durch welche dem Mißbrauche, welchen die Vertreter Griechenlands in der Türkei mit dem durch die Kapitu= lationen gewährleisteten Vorrechte getrieben hatte, in Zukunft vor= gebeugt werden sollte.

Nachdem nun über diese drei Punkte Verhandlungen geführt worden waren, welche länger als vier Monate gedauert hatten, er= folgte endlich am 18. September 1897 in Konstantinopel die Unter= zeichnung des Präliminar=Friedensvertrages durch die Botschafter der Mächte einerseits und den türkischen Minister des Auswärtigen, Tewfik Pascha, andererseits.

Der Wortlaut desselben war folgender:

„Artikel 1. Die Grenze wird nach der auf der beiliegenden Karte und dem beiliegenden Text eingezeichneten Straße geändert. Leichtere Aenderungen nach militärischen Gesichtspunkten zu Gunsten der kaiserlichen Regierung sind der gemeinsamen Entscheidung an Ort und Stelle vorbehalten. Eine gemischte Kommission, bestehend aus Bevollmächtigten beider Mächte und den militärischen Delegirten der Botschaften, wird die Grenze abstecken. Die Kommission kon= stituirt sich vierzehn Tage nach Unterzeichnung des Vorliegenden und fällt ihre Entscheidungen mit Stimmenmehrheit.

Artikel 2. Griechenland wird der Türkei eine Kriegsentschä= digung von vier Millionen türkischen Pfund zahlen. Die nöthigen Anordnungen zur Erleichterung schleuniger Zahlung dieser Entschä= digung werden mit Zustimmung der Mächte in solcher Weise ge= troffen, daß sie nicht die anerkannten Rechte der alten Gläubiger oder Obligationsinhaber der griechischen Staatsschuld schädigen.

Zu diesem Zwecke wird in Athen ein internationaler Ausschuß, zusammengesetzt aus Vertretern der vermittelnden Mächte, je einer für jede Macht, begründet werden.

Die griechische Regierung wird für die Annahme eines vorher von den Mächten genehmigten Gesetzes Sorge tragen, das den Geschäftsgang dieses Ausschusses ordnet und unter dem die Erhebung und Verwendung ausreichender Einnahmen für den Dienst der Kriegsentschädigungsanleihe und der sonstigen Staatsschulden der unbedingten Kontrole des genannten Ausschusses unterstellt wird.

Artikel 3. Die Privilegien, Immunitäten, welche die griechischen Unterthanen in der Türkei vor dem Kriege genossen, bleiben aufrecht. Zugleich werden zwischen der Pforte und Griechenland Vereinbarungen getroffen, um die Handhabung der Justiz zu wahren und die Interessen der ottomanischen und der fremden Unterthanen sichern zu können.

Artikel 4. Vierzehn Tage nach der Ratifikation gegenwärtigen Aktes oder noch früher werden griechische Unterhändler, ausgerüstet mit den nöthigen Vollmachten, in Konstantinopel eintreffen, um mit den ottomanischen Bevollmächtigten die Bestimmungen des definitiven Friedens zu vereinbaren. Dieser Friede wird auf Basis des gegenwärtigen Vertrages geschlossen werden und wird unter anderen Klauseln Bestimmungen über den Austausch von Gefangenen, eine allgemeine Amnestie, die freie Auswanderung der Bewohner der abgetretenen Gebiete, Maßregeln zur Unterdrückung des Räuberunwesens sowie bezüglich der Ersatzleistungen für die durch die Kriegsereignisse verursachten Schäden enthalten.

Artikel 5. Gleichzeitig werden Unterhandlungen eingeleitet, um binnen drei Monaten nachfolgende Vereinbarungen zu treffen:

a) eine Konvention, welche die Staatsbürgerschaftsfrage regelt auf Grund des im Jahre 1876 zwischen der Türkei und Griechenland vereinbarten Entwurfs;

b) eine Konvention, welche die Beziehungen zwischen den griechischen Konsulaten und den ottomanischen administrativen Gerichtsbehörden regelt unter den durch Artikel 3 vorgesehenen Bedingungen;

c) eine Konvention bezüglich der Vergehen gegen das gemeine Recht, begangen auf dem Gebiete des einen oder des anderen der beiden Staaten gegen Unterthanen, welche sich auf das Gebiet des anderen Staates geflüchtet haben.

Artikel 6. Der Kriegszustand zwischen der Türkei und Griechenland hört auf, sobald die Vorfriedensurkunde unterzeichnet ist. Die Räumung Thessaliens wird in Monatsfrist nach dem Zeitpunkte eintreten, wo die Mächte die in den letzten zwei Absätzen des Artikels 2 enthaltenen Bedingungen als erfüllt anerkannt haben und der Zeitraum für die Ausgabe der griechischen Kriegsentschädigungs-Anleihe vom internationalen Ausschusse im Einklange mit den in besagtem Artikel erwähnten Anordnungen bestimmt sein wird. Das Räumungsverfahren und die Wiedereinsetzung der griechischen Behörden in den geräumten Orten wird durch die Abgesandten der betheiligten Parteien unter Mitwirkung der Vertreter der Großmächte entschieden werden.

Artikel 7. Sobald der Akt signirt und notifizirt ist, werden die gewöhnlichen Beziehungen zwischen der Türkei und Griechenland aufgenommen werden. Die Unterthanen beider Staaten werden sich ganz frei, so wie früher, aufhalten und reisen können, und die Freiheit der Schifffahrt wird gegenseitig wieder hergestellt werden.

Artikel 8. Bis zur Aufnahme des regelmäßigen Konsulardienstes in beiden Ländern werden in den alten Konsularresidenzen provisorische Agenten bestellt werden, welche ihre Funktionen unter dem Schutze und der Ueberwachung der Großmächte ausführen werden, die es auf sich genommen haben, die Interessen der griechischen Unterthanen während des Krieges zu schützen. In Erwartung des Abschlusses und der Inkrafttretung der nach Artikel 5 durch eine Spezialkommission auszuarbeitenden Konvention werden die gerichtlichen Angelegenheiten zwischen den ottomanischen und griechischen Unterthanen, deren Ursprung auf ein älteres Datum als die Kriegserklärung zurückgreift, nach den gesetzlichen Reglements, die vor dem Kriege in Kraft waren, behandelt werden —, die späteren Sachen gemäß den Prinzipien des internationalen Rechtes auf Basis der Konvention zwischen der Türkei und Serbien am 26. Februar und 6. Mai 1896.

Artikel 9. Im Falle von Differenzen während des Verlaufs der Verhandlungen zwischen der Türkei und Griechenland sollen fragliche Punkte zwischen der einen oder der anderen interessirten Partei einem Schiedsgericht unterworfen werden; dessen Entscheidung wird bindend sein. Dieses Schiedsgericht wird kollektiv oder durch Spezialdelegirte der interessirten Staaten seine Funktionen ausüben und zwar direkt oder durch Vermittelung der Spezialdelegirten.

Artikel 10. Die Hohe Pforte behält sich vor, die Großmächte zu einer Proposition über die Regelung der Fermane einzuladen, ausgehend von den Bestimmungen der Konvention vom 24. Mai 1881, welche so lange in Kraft bleiben, als sie nicht durch den gegenwärtigen Akt modifizirt erscheinen.

Artikel 11. Um die Aufrechterhaltung der Beziehungen guter Nachbarschaft zwischen den beiden Staaten zu sichern, verpflichten sich die Türkei und Griechenland, auf ihrem Gebiete keine Agitationen zu dulden, welche die Sicherheit und Ordnung im Nachbarstaate stören könnten.

Der gegenwärtige Akt wird der Genehmigung Seiner Majestät unterbreitet werden. Diese Gutheißung wird innerhalb acht Tagen eintreten; nach Ablauf dieses Termins werden die hier enthaltenen Bestimmungen von den Repräsentanten der Großmächte ihren Kabineten und je nachdem zur Kenntniß gebracht und in Kraft treten."

Schon am 21. September wurde in Konstantinopel der Vorfriedensvertrag ratifizirt, und am 26. September wurde er von dem russischen Gesandten in Athen dem griechischen Minister des Aeußern übergeben.

Gedruckt in der Königlichen Hofbuchdruckerei von E. S. Mittler & Sohn,
Berlin SW12, Kochstraße 68—71.

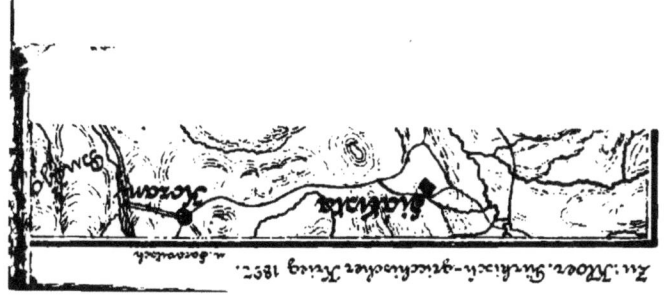

Zu Moor. Sutkisch-griechischer Krieg 1897.